受北京印刷学院 2013 年度校级重点项目『新媒体新闻传播研究』资助

杨艳琪 著

新媒体与
新闻传播

NEW MEDIA
AND
NEWS COMMUNICATION

社会科学文献出版社
SOCIAL SCIENCES ACADEMIC PRESS (CHINA)

自 序

麦克卢汉提出媒介即讯息的观点以来，人们对因技术而改变的信息传播的方式和内容给予了越来越多的关注。尤其是以数字技术为基础的新媒体的出现，更是带来了传播史上的新的巨大变革。在新媒体环境下，新闻传播的力度在不断加强，新闻传播的态势也在不断更新。传统的单向传播变成了互动传播，信息传播的自由度得到了前所未有的提升，信息传播的广度和深度也有更大的拓展空间，需要对其进行比较全面和深入的研究。基于此，本课题将着力研究新媒体新闻的传播方式、类型和特点，新媒体新闻的传播规律和传播效果，新媒体新闻传播过程中媒体和受众关系的变化，以及影响新媒体新闻传播的重要因素等。

本研究具体从以下几个方面入手：

（1）新媒体新闻的界定和特征；

（2）新媒体新闻传播的方式和方法；

（3）新媒体新闻传播的特点；

（4）新媒体新闻传播中的媒体与受众；

（5）不同的新媒体平台的新闻传播；

（6）大众文化心理对新媒体新闻传播的影响；

（7）传统媒体对新媒体新闻传播的影响；

（8）新媒体新闻传播对媒体传播理论的反驳与补充。

研究重点放在新媒体新闻传播的特点、新媒体新闻传播中媒体和受众的关系、新媒体技术和大众文化心理对新媒体新闻传播的影响、传统媒体对新媒体新闻传播的影响，以及新媒体新闻传播对媒体传播理论的反驳和补充上。

本研究运用新闻学、传播学、社会学、心理学等多学科交叉的研究方法，除了着力进行大众文化心理对新闻传播的影响、各新媒体平台的新闻传播研究以及新媒体新闻传播对媒体传播理论的解构与重构等方面的研究，还将进行具体的个案探析，以之作为理论研究的补充。

本书是北京印刷学院校级重点研究项目"新媒体新闻传播研究"的研究成果之一，可供新闻传播从业者和新闻传播专业的学生作参考之用。

杨艳琪
2015 年 5 月

目 录

绪 论 ……………………………………………………… 1
  第一节　新媒体概念的梳理和界定 …………………………… 1
  第二节　新媒体新闻传播的研究热点关注 …………………… 4

第一章　新媒体新闻传播的方式和特征 …………………… 15
  第一节　新媒体新闻传播的方式 ……………………………… 15
  第二节　新媒体新闻传播的特征 ……………………………… 25
  第三节　新媒体新闻传播中传统媒体的角色和作用 ………… 31

第二章　新媒体新闻的新闻价值和新闻真实 ……………… 37
  第一节　新媒体新闻的新闻价值 ……………………………… 37
  第二节　传统媒体的新闻真实标准与新媒体的新闻真实
　　　　　标准的不同 …………………………………………… 45
  第三节　新媒体新闻真实的体现 ……………………………… 47

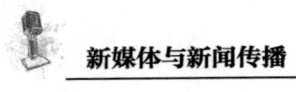

第三章　新媒体新闻传播对传统新闻传播理论的消解与重构 ………… 58

第一节　沉默的螺旋与狂欢广场 ………… 58
第二节　传统议程设置理论的新应用 ………… 65
第三节　使用与满足理论的丰富和深化 ………… 66

第四章　新媒体新闻传播与网络舆情 ………… 71

第一节　新媒体新闻传播易于形成网络舆论 ………… 71
第二节　新媒体新闻传播形成的网络舆论的特点 ………… 73

第五章　新媒体传播与大众文化心理 ………… 78

第一节　新媒体传播中的大众文化心理因素 ………… 78
第二节　新媒体环境下的大众文化心理类型 ………… 84

第六章　新媒体新闻大众自传播 ………… 89

第一节　大众自传播的新媒体新闻事件类型 ………… 90
第二节　新媒体新闻大众自传播特性分析 ………… 92

第七章　新媒体传播环境下的媒介素养 ………… 101

第一节　网民应有的媒介素养 ………… 101
第二节　网络编辑的媒介素养 ………… 109
第三节　关于新媒体新闻传播人才培养 ………… 117

第八章　微博新闻传播研究 …………………………………… 122

第一节　微博的新闻信息与传统新闻报道的不同 ……… 122

第二节　微博新闻传播的特征 ………………………… 125

第三节　微博新闻传播的双刃剑——局限和优势 ……… 127

第四节　微博谣言的产生与管理 ……………………… 129

第五节　微博新闻传播与公民意识 …………………… 133

第九章　微信与新闻传播 ……………………………………… 138

第一节　微信朋友圈新闻传播的特征和局限 …………… 142

第二节　微信公众号的新闻传播 ……………………… 145

第十章　个案研究 ……………………………………………… 152

内地女孩港铁进食事件新媒体传播过程理论透视 ……… 152

媒体传播中的标签式传播 ……………………………… 163

参考文献 ………………………………………………………… 178

绪　论

第一节　新媒体概念的梳理和界定

研究伊始应该对新媒体的概念进行界定，尤其是本书中所涉及的新媒体，和广义上的新媒体还不甚相合。关于新媒体的概念，界定者甚繁，在此不一一赘述，只选取几个比较典型的阐述作为代表。

蒋宏主编的《新媒体导论》一书这样说道："就其内涵而言，新媒体是指20世纪后期在世界科学技术发生巨大进步的背景下，在社会信息传播领域出现的建立在数字技术基础上的能使传播信息大大扩展、传播速度大大加快、传播方式大大丰富的，与传统媒体迥然相异的新型媒体。就其外延而言，新媒体主要包括光纤电缆通信网、都市型双向传播有线电视网、图文电视、电子计算机通信网、大型电脑数据库通信系统、通信卫星和卫星直播电视系统、高清晰度电视、互联网、手机短信和多媒体信息的互动平台、多媒体技术以及利用数字技术播放的广播网等等。"① 这个概念界定目前来说是比较具体全面和完整的，但同时也让人感觉比较繁杂不便于理解和记忆。匡文波对新媒体的界定是比较简明的，他说："（新媒体是）借助计算机（或具有计算机本质特征的数字设备）传播信息的载体。"② 其实从字面本身的意义上来看，所谓新媒体，一定是相对于旧媒体而言的，没有旧，何来新，所谓旧媒体，指的即是传统媒体。也就是说新媒体是一个相对的概念，是继报刊、广播、电视等传统媒体以后发展起来的新的媒体形态。但是新与旧之间的界限会随着时间的发展和社会的变迁而模糊，这也让人很怀疑这个相对而出的新媒体概念的科学性。宫承波就这样说道："严格意义来说，新媒体并非一个科学的概念，因为新是相对于旧来说，任何事物在诞生之始都是以新面目出现，但随着时间的流逝，新旧之间的界限会逐渐模糊，直至消失。"③ 也就是说，新媒体还是一个时间性很强的概念。那么从比较严谨的角度说，所谓新媒体，只能是立足于目前，立足于当下，区别于人们长期使用的传统媒体的新媒体形态。宫承波认为，新媒体形态又可以分为两种：一种是新兴媒体，一种是新型媒体。"（新兴媒体）是新媒体的典型形态，以网络媒体、手机媒体和（互动性）电视媒体为代表。它们依

---

① 蒋宏、徐剑主编《新媒体导论》，上海交通大学出版社，2006，第14页。
② 匡文波：《新媒体概论》，中国人民大学出版社，2012。
③ 宫承波：《新媒体概论》，中国广播电视出版社，2011。

托全新的传播技术，以改变传播形态为主要诉求点，强调体验和互动，内容生产日趋分散化和个性化……另一类则可以称作新型媒体，包括户外新媒体、楼宇电视和车载移动电视等。它是在传统媒体的基础上依托新技术衍生而来的，其传播形态并未发生根本性改变……综上所述，我们可以对新媒体概念作广义和狭义两种界定。广义上的新媒体……包括新兴媒体，也包括新型媒体；而狭义上的新媒体则专指新兴媒体。"① 我们可以看到，相对于前述的两个新媒体概念来说，宫承波所界定的新媒体概念更清晰一些。尤其是对新兴媒体和新型媒体的区分，说明他既注意到了新媒体的技术层面的因素，也注意到了新媒体传播层面的特点。

那么对于本书来说，对新媒体的相关研究主要是以狭义的新媒体概念，也就是以新兴媒体为主要关注点。本书对新媒体研究的视野不以开阔为务，主要集中在新媒体与新闻传播的关系上，所以，本书所关注的新媒体的面更窄一些，主要关注新兴媒体中新闻传播方式和特点的新变化，新兴媒体不再是传统意义上的大众传播，而应是互动传播、人际传播的平台。如此而言，相对于新媒体中网络媒体的门户网站来说，笔者更关注博客、微博、BBS、视频网站的新闻传播，因为它们的传播形态才更凸显新媒体在当下的"新"。

---

① 宫承波：《新媒体概论》，中国广播电视出版社，2011。

第二节 新媒体新闻传播的研究热点关注

随着数字技术在信息传播领域的广泛应用，新的媒体形态也应运而生，例如网络，手机，数字化的报纸、广播和电视。新媒体以新的数字技术为基础，从麦克卢汉提出媒介即讯息的观点以来，人们对技术改变了信息传播的方式和内容给予了越来越多的关注。在新媒体传播环境下，传统的单向传播变成了互动传播，信息传播的自由度得到了前所未有的提升，信息传播的广度和深度也有更大的拓展空间。因此，新媒体新闻的传播方式、类型和特点，新媒体新闻的传播规律和传播效果，新媒体新闻传播过程中媒体和受众关系的变化，以及影响新媒体新闻传播的重要因素等，都进入了研究者的视野。本文选取北京大学所认定的中文核心期刊为筛选文献的来源，以新媒体和新闻、传播、网络、数字出版等作为检索词进行篇名检索，检索时间为2010年1月至2012年9月。据统计，近三年中，核心期刊中的新媒体新闻研究的相关文献有731篇。经过对这些文献的梳理与分析，可见近三年来新媒体新闻研究的热点。在这些新媒体新闻研究文献中，笔者着力于新媒体新闻理论研究文献的研读，因为关于新媒体新闻的研究，经历了从现象分析到理论总结的发展过程，现象的分析已经比较成熟，而理论的总结尚有进步的余地。

理论研究文章的数量从 2010 年到 2012 年呈上升趋势。综合此类文献可以看出，关于新媒体新闻与传播的理论研究，大致集中在以下几个方面。

一 传统新闻理论的反驳与修正

1. 新闻定义的重新界定

传统新闻学对新闻的定义有比较成熟的界定，像李希光在《关于新闻的定义和新闻写作》一文中指出的："新闻是经过媒体报道的对不同人有不同兴趣的最新的信息。"[①] 但是在新媒体环境下，新的传播方式的出现，促使人们重新思考新闻的定义。陈力丹教授认为："要想真正探讨什么是新闻，必须探究具体传播新闻的社会文化背景、时效条件。对于日常新闻工作而言，有一个简单的定义是方便的，但是任何一种所谓的定义都会将新闻传播现象简单化。"[②] 那么在新的传播环境下，我们应该怎么定义新闻的概念？学者对此做了相应探讨，但还没有一个大家都能接受的权威的结论。在谭天《新媒体语境下的"新闻"界定》一文中，作者的观点代表了学界对此问题的思考和困惑。在文章中作者说道，在新媒体语境下，新闻是一个模糊的概念：一是新闻的外延没有确定，二是新

[①] 李希光：《关于新闻的定义和新闻写作》，《新闻与写作》2012 年第 3 期。
[②] 陈力丹：《新闻理论研究的回顾与展望》，《国际新闻界》2004 年第 3 期。

闻与评论的边界模糊，三是传统的传受边界模糊。新闻也是一个集成的概念：集成体现在新媒体语境下的碎片化传播的信息需要被集成之后，才能算是新闻。新闻还是一个过程的概念：在新媒体语境下，新闻是从碎片化的信息聚合、筛选、甄别中得来，可见新闻是一个逐步接受辨析的过程，在受众的接受过程中，新闻的交互性和议论性增强，从而使新闻成为一个发现的过程。①尽管最终学者并没有给出一个明确的新闻概念，但是在新媒体环境下，这样的思考对于新闻概念的重新界定和明晰是有益的。

2. 新闻价值要素的变化

传统新闻学中，对于新闻价值要素有着明确的说法，即衡量新闻价值有五个要素：重要性、显著性、时新性、趣味性和接近性。这五个要素的含量决定了新闻价值的多少。而在新媒体语境下，新闻价值的认定也发生了变化。童兵在《新媒体传播对传统新闻学的挑战》一文中说道："传统媒体不少属于党报党刊性质媒体，即便是都市类报纸等媒体，也都被置于党委领导之下，因此它们都会自觉地以主流价值观为价值传递的指导思想和主题内容，而新兴媒体则有很多不同。后者的官网，同传统媒体的价值导向基本一致。官方之外，则五花八门。对这类个人化碎片化媒体的价值传递和价值教化功能如何认定、

---

① 谭天：《新媒体语境下的"新闻"界定》，《新闻界》2012年第12期。

如何规范，是传统新闻学中没有涉及的，是传统新闻学今后适应当代社会生活新变动而必须完备的新内容。"① 刘丹凌在《新媒体语境下新闻专业主义的解构与重构》一文中说道："在新媒体语境下，舒德森所论及保障新闻领域客观性的两种社会控制机制都变得更加困难。""新闻边界发生游移，新闻的外延不断扩大，更多的信息被泛化为新闻。"② 学者们认为，新闻价值的传统衡量标准已经难以涵盖当今的多元化新闻价值观，新闻价值的要素已经出现了变化。

3. 新闻性质的变化

传统新闻学对新闻性质的界定是：新闻传播事业是以新闻手段为一定社会的经济基础服务，它同其他上层建筑一样，具有鲜明的阶级性。而在新媒体语境下，新闻的性质也需要重新审视。童兵在《新媒体传播对传统新闻学的挑战》一文中说道："首先，今天中国的新兴媒体，有的所有权与经营权是分离的；其次，今天的一些互联网和移动互联网络，是去政治化的，是商业性的；再次，这些新兴媒体的立场和价值取向也是多元化的。在这种情形下，如果用过去单一的所谓有阶级性的新闻舆论工具来界定今天的新兴媒体，是缺乏说服力的。也就是说，传统新闻学的性质说，遇到了新兴媒体的

---

① 童兵：《新媒体传播对传统新闻学的挑战》，《新闻界》2012年第10期。
② 刘丹凌：《新媒体语境下新闻专业主义的解构与重构》，《中州学刊》2012年第1期。

挑战。"①

二 新媒体新闻传播理论研究热点

1. 新媒体时代的传播生态和传播结构

新媒体时代，传统传播结构已经发生了巨大的变化。在新媒体环境下，原有的单向式中心式传播模式被打破，传播新闻的人不只是新闻专业人士，原先的受众也能成为新闻的传播者，这使传统新闻的传受关系发生了变化。刘丹凌在《新媒体语境下新闻专业主义的解构与重构》一文中说道："以传者为中心的交流结构在网络等新媒体的失控范畴当中失效了，传统传受关系中的时间序列性、中心－边缘扩散模式及分离机制被颠覆。"在传媒生态上，"职业新闻机构与非职业化组织或个人的并存构成了新媒体时代新的传媒生态。组织新闻生产的既有报纸、广播、电视、专业新闻网站等专门机构，也有公民新闻网站以及作为个体的广大网民、手机用户等等"。"以网络等新媒体为技术表征的第二媒介时代，传、受、反馈的时间秩序被打破，三者可以同时发生、交替、叠加，甚至反向运行；传受身份融合，中心失却，信息传播的方向性被削减。"②

---

① 童兵：《新媒体传播对传统新闻学的挑战》，《新闻界》2012年第10期。
② 刘丹凌：《新媒体语境下新闻专业主义的解构与重构》，《中州学刊》2012年第1期。

2. 新媒体时代的新闻伦理

在新媒体环境下，以理性和责任为旨归的传统新闻伦理遭遇到了前所未有的挑战，多元化的新闻发布渠道和主体，因为不同的动机和目的，产生了不同的伦理道德问题。公民新闻在新闻伦理上呈现两个极端：一是没有利益的牵扯，所以更注重社会公平和正义；一是由于缺乏媒介素养，容易趋于情绪化，失去理性，从而形成媒体暴力。林溪声的《新闻传播伦理在困境中寻求突围》一文中提道："澳门大学传播系于跃则指出，中国网络公共领域虽然具有公共领域特征的平等性和批判性，但缺乏具有理性批判能力的群众基础。"① 刘丹凌在《新媒体语境下新闻专业主义的解构与重构》一文中说："电子媒介环境中扩大的主体，使新闻理性与新闻责任受到巨大冲击。首先，他们助长了虚假新闻的泛滥，大量虚假新闻充斥于各大网站、论坛、个人主页、博客、播客、SNS 等。其次，他们带来了更多新闻视角的偏斜。"这两篇文章都对网民的公民素质提出批评，并认为其作为新媒介用户，缺乏媒介素养。而公民素质和媒介素养的低下，是新媒体环境下的新闻伦理易于走向偏差的重要因素。②

3. 新媒体新闻的传播与媒介文化

在新媒体与媒介文化这个问题上，学界呈现两种观点，一

---

① 林溪声：《新闻传播伦理在困境中寻求突围》，《新闻界》2011 年第 9 期。
② 刘丹凌：《新媒体语境下新闻专业主义的解构与重构》，《中州学刊》2012 年第 1 期。

种是乐观地认为新媒体新闻的传播有助于公民社会的真正形成。邱林川在《新媒体事件研究》一文中指出："新媒体事件背后，其实是一种新的书写历史草稿的传播机制：公民新闻与大众舆论。近年来，公民新闻在全球蓬勃发展。华人社会里，同样看到公民新闻开始起到传统大众媒体起不到的作用。这不是简单的技术影响，而是反映出华人社会公民意识的日益增强、公民社会的逐渐形成。"[1] 另一种观点则持消极态度，认为新媒体语境中新闻失实现象越来越日常化、复杂化和隐蔽化，最终会导致媒体文化的变异。盛芳在《新媒体语境中新闻失实与媒体文化的变异》一文中说道："当事实的迷雾逐渐散去时，媒体的兴奋点、受众的注意力却早已经转移了。网站以秒计算的不断更新的信息，会使得公众对信息内容的了解越来越多，但大都停留在蜻蜓点水的程度。这种快速追逐最新话题的结果，导致受众对事件缺乏完整、深入的了解，进而造成判断的肤浅化和感性化，这无疑是媒体公共性的一种缺失。"[2]

4. 新媒体新闻与社会舆论

新媒体新闻相对于传统媒体新闻来说，已经在传统媒体文本的复制粘贴和上传的基础上，有了很大的发展，例如制作多媒体新闻，实现视频和音频与文字的融合，还有整合新闻碎片

---

[1] 邱林川、陈韬文主编《新媒体事件研究》，中国人民大学出版社，2011。
[2] 盛芳：《新媒体语境中新闻失实与媒体文化的变异》，《编辑学刊》2012年第3期。

形成单元版块，实现与新闻受众的良好互动等。新媒体新闻中还有一种比较特殊的新闻传播现象——公民新闻，公民新闻是指个人利用自媒体或者私媒体发布个人搜集报道和分析的新闻信息的行为。公民新闻由于其报道内容的非官方化，易于受到网民的追随和热捧，对于社会舆论有较大的影响作用。那么，关于新媒体新闻对于舆论的影响，研究文献中的观点集中在以下几个方面。

第一，新媒体新闻在对社会舆论的影响上，改变了传统的主流媒体的霸权地位，话语权力由传统的精英垄断变为对广大民众的传播赋权。在张少元的《论新媒体对当前舆论监督格局的影响与变革》[①]一文中，对此观点有着明确的论述。他说："新媒体首先赋予公众充分的话语权，从表达平台上来看，新媒体实时性、双向性、广泛性、迅速性的特性赋予公众充分的舆论空间和一定意义上的舆论自由。新媒体减少了社会身份对言论的制约，原先掌握舆论表达资源的权力关系被消解，所有的人都能发出自己的声音。"吴廷俊在《新媒体时代中国舆论监督的新议题：网络揭黑》一文中，对新媒体新闻影响社会舆论的强大力量也给予了充分的肯定。他说："在我国传统媒体舆论监督功能缺失的情况下，网络揭黑是舆论监督开辟的一种

---

① 张少元：《论新媒体对当前舆论监督格局的影响与变革》，《新闻知识》2010年第11期。

新途径。实践证明，网络揭黑发挥出了摧枯拉朽的威力，不仅把一个个社会事件的真相揭发出来，而且促进政府对公共突发事件的重视，并在处理和应对公共突发事件中提高自己的执政能力。"① 但是，对于新媒体新闻对舆论的影响，有学者并不是特别乐观，我们来看另一种观点。

第二，新媒体新闻虽然能够对社会舆论走向造成影响，但难以左右舆论，只是舆情的追随者和煽动者。此观点的代表者是吴晓明，他撰写了公民新闻与社会舆论的相关文章若干篇，在文章中，他肯定了新媒体新闻会形成网络舆论场，对社会舆论走向有影响，但是又对公民新闻对社会舆论的影响力度持保守态度。例如他在《网络"公民"新闻的社会舆情解读》一文中说："在当代中国社会，公民新闻往往只是扮演舆情追随者和煽动者的角色，即使汶川大地震期间的公共新闻报道，被视为是私媒体参与公共事务典范，也远未达到左右舆论、制造舆情的地步。公民新闻报道者由于缺乏新闻专业素养，在接收、传播、参与新闻信息的同时，也在冲击和解构着经典新闻原则——事实原则和价值原则，传播中出现了集合行为、网络暴力行为、议程设置弱化行为。当代中国的公民新闻报道中，更多的是对舆情的追随。对一些公共关注的新闻，尤其是群体

---

① 吴廷俊：《新媒体时代中国舆论监督的新议题：网络揭黑》，《现代传播》2011年第1期。

性事件的新闻,更多的是以新闻评论的形态,设置议程,煽风点火制造热点。这类公共关注的事件中,有些偶或地取得了突破性效果,更多的则未必。"① 对于新媒体新闻对舆论的影响,不管是持乐观的态度还是保守的态度,但是有一点是没有疑义的,那就是新媒体新闻对社会舆论肯定是有影响的,在新媒体新闻对社会舆论的影响之下,有学者对社会舆论主导权的问题给予了关注。

第三,主流媒体如何在新传播环境下掌握舆论主导权,也成为学者讨论的热点。媒体作为政府的喉舌,在舆论引导方面有重要的责任。那么,在新媒体新闻对社会舆论走向形成冲击,对传统媒体的话语霸权形成挑战的情况下,如何掌握舆论主导权?张光辉在《新传播环境下主流媒体掌握舆论监督主导权的意义和路径》一文中说:"主流媒体能否掌握舆论监督主导权,不仅关系到自身的舆论引导能力,也影响着新媒体舆论监督的质量和水平。网络媒体传播速度快、覆盖面宽,但门槛低,人员成分复杂,具有匿名性,所以网上舆论有很大的自发性、盲目性。如果没有主流舆论主动加以引导,网络舆论很容易偏离正确方向,造成虚假信息泛滥、情绪化言论流行,网络暴力事件时有发生,产生严重的负面效应。因此,主流媒体应

---

① 吴晓明:《网络"公民"新闻的社会舆情解读》,《河北学刊》2011年第3期。

该利用权威、公信力强的优势，主动引导舆论，对网络媒体进行纠偏纠负。"① 刘志祥则从主流媒体舆论引导的偏向和失误谈起，认为主流媒体应该在新媒体环境下，改变传播态度和思路。他在《建设性舆论监督与主流媒体的社会引导力》一文中说："不应一味欺、瞒、压，而应科学应对新闻事件、释放舆论压力、破除谣言传播，提升主流媒体的社会引导力。因此必须加强建设性舆论监督。"② 那么，该如何进行建设性的舆论监督呢？文中说首先政府应该转变观念，纠正舆论监督就是负面报道的错误观念，以开放的姿态面对媒体；其次应该建立信息公开机制，建立科学的新闻发布会机制；再者政府部门应该与媒体形成良性互动，监控事件进展，积极主动舒缓矛盾，解决问题。

---

① 张光辉：《新传播环境下主流媒体掌握舆论监督主导权的意义和路径》，《中国记者》2010 年第 11 期。
② 刘志祥：《建设性舆论监督与主流媒体的社会引导力》，《新闻爱好者》2012 年第 2 期。

第一章　新媒体新闻传播的方式和特征

第一节　新媒体新闻传播的方式

新媒体新闻传播有四种形式：一种是人际传播，例如博客、聊天；一种是大众传播，例如门户网站、视频网站；一种是群体传播，例如 BBS 网络社区；还有一种是分众传播，如手机报。当然，这四种传播方式并不是平行的，而是可以互相交融的。

一　人际传播

微博、博客、聊天等都属于人际传播的范畴。具体来说，聊天是一种实时交流的传播。网络聊天有几种途径，有网络聊天室，有 QQ 等聊天工具；聊天可以个人对个人，也可以个人对多人，也可以多人对多人。聊天时的话题通常会紧跟新闻时事热点，聊天者纷纷发表看法或评论，并且与他人实时交流。在聊天中，新闻传播的速度很快，但是范围不广，仅限于线上聊天者的即时分享，而且话题的转移也非常迅速。话题的发出者一旦没有得到聊天者的呼应就会放弃该话题。如果同时出现几个话题，聊天者只能专注于其中一个话题，才能顺利地进行聊天和讨论，而其他话题就会被舍弃。对某个能够激发群体聊天热情的话题，也会出现热烈的讨论，但是限于谈话总在屏幕上迅速地流动，对新闻事件不可能做深入地分析和评论。而由于话题总是处在转移之中，屏幕上的聊天信息总是处于滚动之中，聊天者很容易忘记自己曾经说了什么或者他人曾经说了什么，且由于聊天的信息相当庞杂大量，聊天者基本没有精力和时间进行聊天记录的回溯。所以聊天在进行新闻传播的时候，容易停留在浅表层次而且极易被忘记。

博客是一种网络日志，是个人发表新闻评论的一种方式。博客在新闻传播中，可以进行一对多的传播，其传播范围是没有限制的，而且有可能进行全球传播。博客有鲜明的个人性，个人可以比较自由地发表对新闻事件的看法或评论，由于博客的个人写作特点，博主可以在博客上对新闻事件尽情地进行深度剖析。由于博客的个人性和分享性，意见领袖很容易产生。意见领袖通常会以博客为阵地，引领部分舆论，赢得众多拥趸。除了意见领袖对新闻的强势传播之外，博客中爆出的新闻线索也很容易引来围观和评论,如果这个新闻线索足够吸引大家的眼球,此新闻线索就会像长了翅膀一样不胫而走。

二 大众传播

另一种传播方式是大众传播,门户网站的新闻传播是大众传播的一种,比较类似于传统媒体的新闻传播,当然有其自身的特点。说它类似于传统媒体的新闻传播,体现在以下几个方面。一是门户网站可以对新闻进行议程设置。例如,可以通过把新闻标题设置于网页的上端来强调其重要性,可以通过配图片和配视频的方式强调其重要性,可以加大加粗标题的字号强调其重要性。在传统媒体中,例如报纸,可以为重要的内容设置专版,在门户网站的新闻网页,也可以设置专版,把相关新闻的所有体裁整合在一起,有消息、评论、解释性报道、视频报道等。这种版面的安排和新闻元素的配置,是议程设置的手段。这种页面的编排像传统媒体一样,可以影响受众的判断。二是门户网站的新闻网页中的内容,基本都来自传统媒体。因为门户网站要保证自身的影响力和声誉,对新闻的专业性有一定的要求,对发布的新闻有一定程度的把关。门户网站的新闻编辑的基本编辑手段是拷贝加粘贴。但门户网站作为新媒体,也有其区别于传统媒体的传播特点:一是新闻网页上以标题吸引受众,以超文本的方式供受众阅读。在网站的新闻网页首页上，只有一行行的标题，然后用超链接的方式链接文本。在文本的下方，又会出现多个相关话题的超链接。这样的方式有别于传统媒体的线性阅读方式，可以让读者按需阅读相关信息。因为首先吸引眼球的是标题，所以新闻网站的编辑对标题的制作非常用力。二是讲究整合。整合不同的传统媒体的新闻，在一个专版上整合不同体裁的相关新闻，在新闻首页上整合不同类别的新闻，还有整合多媒体表现形式。所谓整合不同的传统媒体的新闻，是指新闻网站可以从全国的报纸中选择他们认为有价值的新闻，而不是只专注一家之言。所谓在专版上整合不同体裁的新闻，是指对于某些网站认为非常重要的新闻，网站会制作专版，把消息和新闻评论、深度报道以及视频报道整合在一起。所谓整合不同类别的新闻，新闻网站会对新闻进行细分，比如分为国内和国际，分为财经新闻、体育新闻、娱乐新闻、社会新闻，然后把相关的新闻整合到不同的类别下。这种整合同时也是一种细分。所谓整合多媒体表现形式，是指网站可以用多种手段，如文字、图片、音频、视频等综合表现一个新闻事件。三是互动性较强。在门户网站的每条新闻的下方，都会设置网友评论的窗口。网友可以评论，可以跟帖，可以讨论。网民除了看新闻之外，还可以看其他网民的评论，并且可以参与讨论。新闻和网友的评论可以结合起来，传播的内容和影响都会随之扩大。较之于双向传播的传统媒体，互动性很强。

　　视频网站。视频网站目前已经成为网络上的主流内容形式。视频网站包括电影、电视剧、电视节目、音乐电视以及网民自己拍摄上传的原创内容。世界知名的视频网站是YouTube。360百科中这样描述YouTube："YouTube是设立在美国的一个影片分享网站，让用户上载、观看及分享影片或短片。公司于2005年2月15日注册，由台湾裔美国人陈士骏等人创立，网站的口号为'Broadcast Yourself'（表现你自己），网站的标志意念来自早期电视显示屏。至今YouTube已经成为同类型网站的翘楚，并造就许多网上名人且激发网上创作。""目前，YouTube平均每秒有1小时的视频上传，平均每天有35万人的视频上传。"随着2005年YouTube的开站，其提供了简单的方法让普通电脑用户上传影片。而科技发达、宽带和摄影器材的普及，使得短片信息大行其道。凭借其简单的界面，使得YouTube可让任何已上传至网络的视频在几分钟之内使全世界观众观看，这令网民由传统的接收信息者，变成信息发布者，网民更可成立自己的私人影院、影片发布站、新闻站，而取代传统的传播媒体。每人都可创立自己的新闻频道，或上载家庭生活短片。在此同时，愈来愈多人欣赏网上短片，令电视的收视逐渐转移至电脑屏幕。网民对每段视频可以评论打分，并且可以加入自己的收藏夹或者引用到博客里，在YouTube改版之后，分享的功能更多更强劲："新版 YouTube 明显增强了分享元素。进入首页，不再是一大堆推荐视频，而是你所订阅的频道的动态。进入个人频道，你可以发布 Feed。在视频评论里，你甚至可以@他人。最明显的莫过于视频分享了。当你顶了某个视频时，会直接弹出 Google +、Facebook 和 Twitter 的分享按钮和视频地址。如果你点分享键时，还有 Tumblr、Blogger、MySpace、Hi5、LinkedIn、StumbleUpon 和 Orkut 社交网站的分享按钮，同时还有镶入代码和电子邮件可选择。"从这些介绍中可以看出，视频网站在新闻传播中已经占据了重要的地位。首先，网民自由上传自拍短片，使自己的所见所闻可以传播到全世界，相比于文字来说，更具真实性、可信性、直观性。其次，视频网站所具有的分享功能十分强大，网民感兴趣的视频，可以进行病毒式的传播，非常易于造成热门话题，并掀起舆论热潮。2006 年的香港巴士阿叔事件曾经因为在 YouTube 上流传造成广泛的讨论，2012 年香港地铁进食事件，也是通过 YouTube 的上传视频而造成巨大影响的。再者，视频网站对电视传播的冲击非常大，它不仅能够覆盖传统电视难以照顾到的信息空位，而且能够提供受众不可能在电视上看到的与主流价值观不合的视频资料，从而引起网民的惊叹和大量围观，甚至会引起舆情的变化。例如希拉里在参选总统一周后，唱国歌的时候不慎出丑，此短片在电视台是不可能被播出的，但是却在 YouTube 上广泛传播，引发了美国政坛的警觉。在中国视频网站上，曾经爆出过播音员在播音的时候打哈欠的视频，引发了众多网友的围观戏谑和讨论。更具吸引力和传播力的是视频网站中爆出的众多丑闻。例如雷政富的不雅视频、某局长在车祸现场微笑的视频，被网友围观评论和转发，形成舆论热潮，并最终产生现实影响。

三 群体传播

网络社区在中国广受欢迎。例如中国互联网最大的社区天涯，360百科这样介绍："天涯虚拟社区，简称天涯社区，是中国一个网络社区，提供论坛、博客、相册、影音、站内消息、虚拟交易等多种服务，其自我定位是全球华人网上家园。天涯社区是中国大陆很有影响力的一个网上论坛社区，1999年成立，截至2011年8月，用户数达5600万，在线用户常在80万至100万。"中国网民中，bbs和论坛相当火爆，像水木清华、西祠胡同、猫扑等，都聚集了大量的人气。除了天涯这样的综合性较高、版块较多的论坛，还有很多专业性的论坛。

论坛作为一个开放式的公共空间，适合传播新闻和探讨公共话题。一个新闻事件可以被作为主题发帖讨论，如果事件备受关注，跟帖者甚众，在发帖和跟帖中，各路人马都能发布对新闻事件的看法，并且可以实时在线交流讨论，有助于深入地探讨。但是也有一些显而易见的局限，一是网络用户在论坛活动时都是匿名的状态，所以他们发言时对自己的言辞不负责任，容易夸大其辞，也容易在论坛上对意见不合者进行言语攻击，从而难以保持客观、冷静、理性的新闻传播立场。而且论坛遵行霍布斯法则，谁在论坛活动的时间最久，出现的频率最频繁，发言的时间最多，谁就容易成为论坛的主导者或意见领袖，而不是那些最具专业知识的人。所以在论坛里经常呈现的场面是所有人都在高谈阔论，喜欢发言的人很多都不具备专业的知识，所以提供的信息并非都是有用的。还有一个局限是由于论坛发帖者众多，有价值的新闻信息有时候会被大量的灌水帖淹没，而失去传播的力量。

虚拟社区是近几年来比较火爆的网络虚拟社会群体，如一些知名的社交网站人人网、开心网等。这些社交网站实行的是通过朋友来找朋友的方法，使网民在这些网站中找到属于自己的社交圈和归属感。在这些社交性网站上，网民们可以有自己的主页，建立朋友群，上传文字、照片、音乐和视频，或者和朋友们一起玩在线游戏。在新闻传播方面，除了通过写日记和记录来发布信息之外，这些网站还开发了转帖功能，通过好友的转发来传播某个热点新闻事件。由于社交网站上朋友圈相对来说比较稳定，所以对新闻热点事件的转发也容易得到跟随和响应。通过这样的群体传播，新闻事件的传播速度也是相当快的。但是，也由于朋友圈的相对独立和稳定性，在这样的虚拟社区，要形成比较大规模的群体行动也较困难。

四 分众传播

手机报。在目前,手机已经是一个相当普及的通信工具,由于手机技术的飞速发展,手机逐渐负载了媒体的功能。比如,利用3G技术,手机可以实现文字、图片、音频和视频的多种媒体功能,并且可以实时地进行传播。由于手机用户的迅猛发展,手机媒体的地位也越来越重要,甚至被称为"第五媒体"。手机媒体能够融合报纸、广播、电视和互联网的诸多特点,而且方便携带,可以随时随地发布信息,而且具有良好的互动性。但是在研究手机媒体新闻传播的时候,我们把以手机作为工具,以互联网作为平台的部分剔除掉,只研究手机作为媒体平台发布和传播新闻,那么就主要有两种形式:一种是手机短信,一种是手机报。

从2004年第一份手机报《中国妇女报》彩信版面世以来,近几年随着手机用户的迅猛增长,手机报也显示出它强劲的生命力。例如,2005年底,手机报用户只有100万,而到2010年底,手机报用户达到了8000万。[①] 手机报的种类也日渐增多,很多传统媒体都推出了手机报。手机报在新闻传播上有其优势,也有局限。

优势体现在:首先,手机的便携性,使手机报可以占用用

[①] 尹韵公:《中国新媒体发展报告(2011)》,社会科学文献出版社,2011。

户的垃圾时间，例如等车、乘车、就餐前后等，在这段空余的垃圾时间，用户可以通过阅读短小精悍的手机报来打发时间，同时接收新闻。其次，手机报的微缩性，使用户在繁忙的生活节奏中，不需要自己去过滤庞杂的新闻信息，可以接收手机报这种已经由编辑过滤好的信息。还有，手机报可以方便地让用户参与互动。用户可以随时编辑短信，对手机报上的信息进行反馈和评论。

局限体现在：第一，手机报目前的新闻编辑水平还有待提升。手机报上的新闻基本是当天报纸新闻的微缩。例如手机报编辑往往是把报纸新闻报道的导语直接拿过来作为手机报的新闻，这样就使手机报新闻完整性缺失，因为传统媒体新闻报道的导语往往由部分要素构成。第二，手机报上的新闻是快餐式的新闻，缺乏深度。第三，手机报的图片和音视频，会因为用户手机的质量而影响效果。例如有的用户手机的像素不高，那么显示出来的图片就不够清晰，再加上手机屏幕大小的限制，手机报的多媒体阅读效果并不是很理想。第四，由于手机报的盈利模式也基本都是从广告收益中获取，所以，手机报不可避免要加上广告。本来手机报的容量就有限，再加上片段的广告，会影响用户的阅读体验。

那么，手机报的发展方向如何呢？由于手机用户都是采用实名注册，所以手机报可以根据用户的特点进行定向传播，根据用户的资料细分用户市场，从而从大众传播转向分众传播，这种传播效果会更加有效。同时，手机报也可以制定分类信息供手机用户订阅，例如综合新闻、经济新闻、都市快报、时政要闻等，满足不同用户的个性需求。那么在手机报的盈利上，也可以更加精准定位，为商家更为精确地寻找到目标消费群体，从而使发布的广告信息也能够让用户接受。所以，分众传播，满足读者群体的定向需求，充分发挥手机报的信息定制功能，从用户的个性需求角度出发组织新闻内容，将是手机报的比较广阔的发展之路。

第二节 新媒体新闻传播的特征

相对于传统媒体新闻传播中，媒体作为把关人的强势传播的特点，新媒体新闻传播表现出新的态势。新媒体以开放的、包容的、多元的姿态，让新闻传播不再是把关者的特权。

1. 去中心化和大众赋权

所谓去中心化，是指传统的以传播者为中心的模式被解构。在传统媒体中，媒体作为传播者，处于传播过程的中心位置，传播者拥有绝对的话语权力，决定着信息的重要与次要，数量与质量，甚至通过议程设置，决定着信息对受众的影响，对舆论的主导。但是在新媒体新闻传播的环境下，新媒体新闻事件已经不再是受新闻传播者控制的事件，从新媒体新闻被发布出来开始，作为信息发布者，已经不再对此新闻有主控的可能。此信息被受众接收，受众可以转变为传播者进行二次传播。在信息多点传播的过程中，信息的话语权力很难被一个中心控制。信息发布者的中心地位被淡化。信息的价值也不再由传播者决定，而是由大众的关注、追随和评论来决定，大众的话语权力得到了前所未有的扩张。

2. 新媒体新闻传播的不确定性

所谓新媒体新闻传播的不确定性分为两个方面：一个是传播的方向不明确，可以说呈现无向性的特征，而且不再有稳定的传播方和接受方，传播的两端没有稳定而紧密的联系。另一个是新媒体新闻事件总是处在发展过程当中，其发展走向难以预料和控制。邱林川在《新媒体事件研究》中说："新媒体事件的一个特征就是事件发展的不确定性增强。"因此舆论也呈现出一种极为复杂的众声喧哗的态势。例如柴静《穹顶之下》视频发布事件。柴静精心打造一年之久的《穹顶之下》，在2月的最后一天的上午十点，通过网络平台——人民网和优酷、土豆视频网站，同时发布了这个视频。几个小时后，这个视频几乎在网络视频平台上都可以找到。它的影响力之大，可以用核爆级来形容。视频发布之后，几乎全网刷屏，而且持续几天之久。不仅视频得到了广泛的传播，在社交网站，也实现了人人参与的传播态势。在传播学上有一个传播强效果理论——魔弹论，指传播所到之处，人们就像被魔弹击中了一样，完全接受传播的内容。柴静的视频也像一颗魔弹一样，击中了饱受雾霾困扰的中国民众。这个视频中涉及公共利益的环保主题，主持人冷静又带有一定感情的讲述，自然流露出的人文关怀，深入细致的调查细节展示，制作精良的视频画面，多角度的权威信息来源佐证，都给这部片子的广泛传播打下良好的基础。这部视频的主题，本是饱受雾霾之苦的民众集体利益之所在，然而在传播的过程当中，在极速达到传播高潮之后，舆论开始呈现出多方分化的复杂态势。其复杂表现在：①从对视频雾霾主题的关注转化为对柴静本人的关注。这部片子本来是一部公益片，然而柴静本人的名人效应也在视频的传播中持续发酵，很多网民参与到对柴静个人资料的发掘中。并且有人指称，柴静本人有吸烟史，孩子是在美国出生，开的车是大排量等，甚至把柴静的恋爱史都扒了出来。这些柴静的个人资料不管是否属实，都和视频主题无关，但是随着视频的传播，关于柴静个人的讨论成为热点之一。②对该片的质疑和批评。在视频发布，万众颂扬之后，开始出现一些质疑和批评的声音。质疑和批评集中在对这部视频作为调查报道的新形式的新闻专业性，其中所引用的数据的准确性，柴静提出的解决问题的办法流于形式，以及这部片子的制作动机。③仍然有大部分人在力挺柴静和这部视频。他们认为柴静作为一个公众人物，能够自费并且耗费大量时间精力，来打造一部公益性的调查报道视频，是居功至伟的。一部本来是毫无疑问的正能量视频，在传播的过程当中,作为传播者的柴静失去话语权力;而作为接受者的网民,在对视频的二次传播中开始转化为传播者并且获得话语权力。由于大量的由接受者转化成的传播者,出于自身利益,其传播话语也会呈现众声喧哗的态势。传播的焦点极易转移,事件的本来面目也会很轻易地发生改变,原初的新闻传播方向和效果处于难以预料和控制的不确定当中。

3. 传受关系的位移和传播主体的多元

在传统媒体的传播环境下,传播者和受众的关系是处于两极的关系,媒体传播者是绝对的主体,掌握着传播的主动性和话语权。即使是从原来大众传播中的单向传播发展到双向传播,媒体开始注意到受众对信息的反馈和回应,也依然难以改变受众的被动接受的地位。但是在新媒体环境下,原来的传受关系发生了根本性的变化,从理想的状态上说,普通民众已经从被动地接收信息转变为可以随时进行传播的主体。原有的传受关系发生了位移。

一是传统媒体的传播者也会变身为接受者。例如,信源从新媒体发出时,传统媒体从新媒体接收到信源,那么它就是信息的接受者。或者当传统媒体发布的信源在新媒体环境下传播时,传统媒体要收集舆情进行判断分析,那么传统媒体又变身为接受者。

二是传统意义上的受众可以随时成为传播主体。例如可以把所见所闻所感随时发布到新媒体上，每一个普通民众都可以成为公民记者，成为传播主体。那么这个信源的接收者，原本意义上的受众可以对此信息进行二次传播，完成从信息接受者到传播者的转变。也就是说，同一个人对于同一个信源，可以既是接受者又是传播者。

三是传统意义上的传受关系是主动与被动的关系，是话语霸权和被话语强权支配的群体的关系，但是在新媒体新闻传播环境下，传播者和接受者可以平等对话，或者说拥有平等的话语权力。每个人都有权力参与传播，也有权力对信息提出评论，参与他想讨论的话题，表达自己的主张，而不受话语强权和意识形态的影响。

由于传受关系的转变，传播的主体也变得多元。具有专业资质的传统媒体、普通的草根网民、网站的编辑，甚至机器化自动化的搜索引擎，都可以成为传播的主体。

4. 超越时空的开放性和互动性

新媒体的平台基本是零门槛的，只要有一台电脑，一部手机，或者一台能上网的即时通信设备，有一个网上的账号或id，每个人都可以在这个平台上随时随地发布信息，接收信息，按照个人的兴趣和意愿选择关注信息。这个平台是开放的，而且不论时间和地点，你可以有机会评论 n 年前发生的事件。例如 2013 年发生了复旦校园投毒案后，有网友挖掘出了十年前发生的清华朱令案，并且吸引了众多网友的关注，把这个十前发生的事件重新推到众人面前，使其又一次成为新闻热点。在新媒体新闻传播环境下，人际传播、群体传播和大众传播结合起来，传播者和受众既可以便捷地进行实时地沟通和交流，也可以超越时间和空间进行互动交流。相比大众传播时代的双向传播来说，受众从反馈和回应的被动状态，变为主动地进行平等对话和交流，这是一个非常大的变化。

5. 新闻传播的融合化

所谓新闻传播的融合化有几个方面的内涵，一是指可以采用多种媒体形式进行新闻传播。也就是说，可以综合运用文字、图片、声音、视频等手段，根据新闻内容的需要进行有机结合，从而使新闻信息能够以多样化的形式被受众接收，实现多媒体化的信息传播。二是指传统媒体和新媒体在新闻传播上的融合。媒介融合是指多种媒介联合运作，共享内容资源，利用不同类型媒介的差异传播新闻信息，实现对市场的细分和占有。传统媒介可以从新媒体中获得信源，对新媒体的相关内容进行进一步的深度报道。新媒体也可以对传统媒体的内容资源进行整合利用。或者同一内容资源可以同时在传统媒体和新媒体上，根据不同媒介的特点，进行不同形式的发布。例如同一内容资源有文字、图片、视频、音频等不同的形式，那么文字部分和图片部分适合报纸使用，电视可以采用视频，网络可以采用多媒体的形式，从而满足不同用户的个性需求。三是指新媒体编辑在编辑新闻的时候，融合各个媒体的相关新闻。例如整合几家报纸对相关新闻的不同角度不同侧面的报道，整合相关新闻信息的不同体裁的报道等。

6. 信息生产的社会化和传播信息的碎片化

新媒体基本是零门槛的信息发布平台，无论是个人还是媒体，都可以自由地随时随地发布信息。草根获得了前所未有的话语权力，但也正因如此，传播信息的碎片化问题开始凸显。传播信息的碎片化一个是信息的发布者发布的信息没有经过议程设置，随心随时随地，没有系统没有规律，呈现出碎片化的状态；一个是原有的传统媒体的严谨系统的传播格局被打破，新媒体的传播显得分散和无序。网络所具有的虚拟性和开放性，不仅使传播主体变得多元，也使传播过程中的价值观变得多元，网络众声喧哗，个性彰显，却很难汇聚为一个宏大的声音。

第三节　新媒体新闻传播中传统媒体的角色和作用

在新媒体新闻传播中，传统媒体并不是一个旁观者，而是深入新媒体新闻传播的进程当中，并且起着比较重要的作用。目前新媒体传播虽然凸显出了强大的力量，但是其局限性还非常突出，有待突破，在此情况下，传统媒体在新媒体新闻传播中的角色和作用是值得重视的。综合新媒体新闻传播的过程和态势，传统媒体在其传播过程中主要扮演以下角色。

一 母体

在新媒体新闻传播过程中，其传播的信息有很大比例来自传统媒体。例如门户网站上的新闻和手机报，其内容均来自传统媒体。由于国家有相关的规定，网站没有采访权，所以网络新闻基本没有原创内容，网站的编辑可以修改标题，整合内容，但是其内容来自传统媒体的采访和报道。传统媒体就像一个庞大的母体，网络新闻和手机报从中各取所需。手机报从目前的发展情况来看，它只是利用手机作为平台，对报纸上的原创内容进行精简压缩整合的微型报纸。再比如网络社区的群体传播，传统媒体上发布的信息内容，会通过社区成员的发帖讨论成为热点话题。

所以，传统媒体在新媒体新闻的传播过程中，像一个庞大的母体，提供了丰富的信息源泉。

二 催化剂或者放大器

新媒体新闻的传播过程中有一部分新闻信息的发布者和传播者是草根网民，传统媒体在这部分新闻传播的过程中失去了传播主体的地位，那么，它将是一个什么角色呢？综合案例进行比较分析，可以看出传统媒体在这部分信息传播过程中处于一个中间介入的位置，先由信息源头通过新媒体发布传播到接受者，然后传统媒体介入，起到一个催化和放大的作用，然后传达到受众，然后再进入新媒体传播的这样一个循环传播模式。在这样一个传播模式中，传统媒体变成了一个传播链条中的节点，那么这个节点除了承载传播的作用，还起到催化剂或者放大器的作用。也就是说，当新闻信息经过这个传播节点的时候，其传播力度和强度被进一步地催化和放大。究其原因，一是传统媒体的议程设置能够强化受众对其传播信息的认识；二是传统媒体仍然是广大受众最信任的媒体，传统媒体接收到新媒体的信源并予以验证探析，更能强化受众传播此信息的信心和热情。

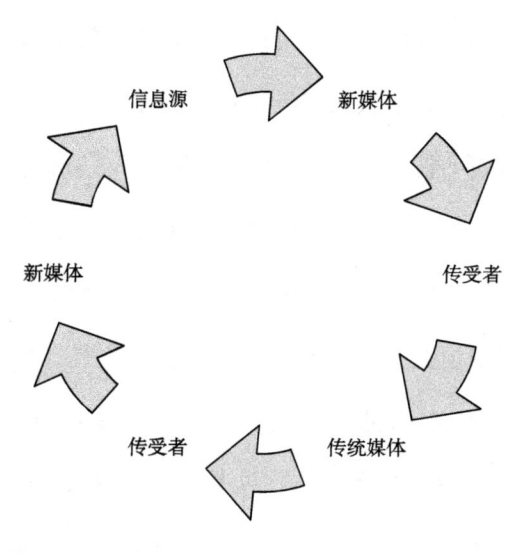

三 把关者

传统媒体在发布新闻信息之前，先要做好信息的把关和过滤，然后才能发布信息。但是在新媒体新闻传播中，传统媒体把关人的作用似乎失效了。除去从传统媒体当中获取的信息之外，新媒体的信息是不会等到传统媒体的审核和把关后发布的。新媒体信息海量，泥沙俱下，发布者和传播者都非专业人士，素质良莠不齐，所谓把关基本不可能实现。那么传统媒体还能为新媒体新闻传播把关吗？当然，所有的信息都需要把关人，没有把关人，就会谣言四起，假的信息会泛滥成灾，而真的信息却又容易让人觉得真假莫辨，心生疑窦，久而久之，信息的真实性会损害媒体的生命力。所以新媒体也需要把关人。那么把关人由谁来承担？自然还是需要有专业资质和水准的传统媒体来承担。但是，这种把关的角色和传统媒体自身的把关有所不同。首先，把关的范围。传统媒体在本媒体所有的信息发布之前都要进行把关，而对于新媒体新闻，量多且驳杂，限于时间、人力、物力，传统媒体不可能全部进行把关。传统媒体只能把关一部分信息，而这部分信息，一定是热点信息，引起的关注最多，产生的影响最大。传统媒体主要对这类信息进行把关。其次，传统媒体对新媒体新闻把关的时间和位置，都是滞后的。也就是说，传统媒体不可能在新媒体信息发布之前把关，但是可以在新媒体信息发布之后并且引起众多关注之后进行把关。这是新媒体的特性决定的，但也是必不可少的。虽然时间上滞后，但是并不等于不需要或不必要。

四 掌舵人

网民的自传播还存在相当多的局限。例如，在新媒体新闻事件的传播中，网民以狂欢的态势传播新闻，焦点容易转移，太多的非理性因素。当众声喧哗，莫衷一是，事件从高潮逐渐衰减却还没有一个主导方向的时候，这说明网民的力量，这种底层的传播并没有起到决定事件发展方向的作用，很多网民会感到疲惫和迷茫。在这个时候，传统媒体利用议程设置，就能比较轻易地扭转传统媒体作为事件传播的催化剂的地位，从而左右事件发展的方向，影响舆论。例如，在内地女孩港铁进食事件中，从个人骂战到内地和香港两地的骂战，再到学者孔庆东介入引发又一波的浪潮，事件一直是在发展过程当中，没有一个确定的方向，每个参与此事的网民都不会想到此事件会有一个怎样的结束，而两地因此掀起的矛盾却有愈演愈烈之势。在这种情况下，网民聚焦的力量很强，但是控制事件的发展却显得力不从心。在这个时候，主流媒体的介入，把内地女孩港铁进食事件引发的两地冲突，引向了另外一个方向，那就是对孔庆东的个人素质批判。痛批孔庆东，让内地女孩香港地铁进食引发的两地矛盾转向个人素质批判，主流媒体的介入功不可没。从内地和香港的矛盾转移到个人素质批判，弱化了尖锐的两地矛盾，维持了暂时的稳定，由此可见主流媒体对新闻传播的影响力还是非常之大。由此看出，网民参与新媒体事件的传播，更多自发性、情绪性，但是缺乏理性和控制力。作为网民活动空间的新媒体，其在公共领域的作用长于促进参与和辩论，弱于引导，对传播方向和内容的控制力很容易丧失，且商业利益至上，以吸引眼球为目的。从这一点来说，至少在目前，网民在新媒体空间策划时日持久的集体行为是较难实现的，这给主流媒体留下了施展传播策略的空间。主流媒体能更专业更理性地实践传播理论，主流媒体不仅可以在传统媒体上实施议程设置，也可以通过新媒体，例如开通官方实名微博设置议题的方式来进行议程设置，从而引导舆论，控制媒体事件的发展。

第二章　新媒体新闻的新闻价值和新闻真实

第一节　新媒体新闻的新闻价值

新媒体新闻相比于传统媒体新闻和门户网站的新闻来说，具有自身的特点，但同时其新闻价值要素也有所不同。以下我们就来探讨一下新媒体新闻，或者说草根新闻的新闻价值，主要以微博新闻为例。微博是微型博客的简称，在微博上人人都有麦克风，人人都有发言权，我们可以把微博新闻叫作草根新闻。这些新闻不是专业的新闻生产者制作的，发布微博新闻的人水平参差不齐，很少有专业新闻的水准，有的甚至文字的基本功都不具备，有的微博新闻的语言表达逻辑不通，文字欠通顺，但是微博新闻的影响力却是巨大的。微博转载新闻，我们称之为病毒式的传播，其传播速度快，范围广。那么微博新闻的新闻价值应该怎么去衡量和看待呢？

1. 延展性

微博新闻的延展性越大，其价值含量就越高。也就是说，无边界，通过网民自发地挖掘新闻的各个角落，来使新闻的内容更加丰富和多元，也可以说是去标签化、去中心化。微博新闻是一种自发行为，没有任何关于新闻格式和内容的规定。唯一的规定是所发布的内容要在140字以内。微博用户只要不突破140字的发表限制，可以自由把握。微博新闻没有标题，没有固定的格式，反而在客观上形成了一种去标签化和去中心化的新闻价值。在比较正式的新闻稿件中，一般都会有一个标题，而标题的简短和扼要，很容易给新闻事实贴上标签，但微博新闻没有标题，没有标题就没有这种主观拟定的标签式的概括。微博新闻的发布者只是在140字的范围内阐述新闻事实。也就是说，微博新闻的读者直接阅读的不是被概括的新闻事实，而是具体呈现的新闻事实。所谓去中心化，是指微博新闻没有严格的一事一议或者一个消息一个主题的概念。正式的新闻稿件，一般的写作要求是一篇稿件只能有一个主题，一篇稿件只能呈现一个新闻事实，也就是说正式的新闻稿件都是有一个中心点的。而微博新闻稿件则没有这样的中心，而是以微博新闻的发布者的叙述逻辑和情感逻辑为准。这样没有中心的新闻事实呈现，虽然有可能妨碍阅读和理解的便利，但是也会为微博新闻读者的各取所需提供方便。同一个新闻事实，微博新闻发布者可能呈现的是发散的状态，读者可以从一篇微博新闻中提取到各种信息。例如郭美美事件，郭美美在微博炫富，迅速成为网民关注的焦点。2011年6月20日，郭美美在网上炫耀其名车豪宅的奢华生活，并称自己是中国红十字会商业总经理，其年轻的脸庞、奢华的名包名车、特别的头衔立刻在网络上引起轩然大波。据百度百科称："'郭美美事件'就像是一部悬疑电视剧，精彩情节不断涌现，众多谜团待解。网友再次有惊人发现，中国红十字会有工作人员办企业经商。7月1日，有网友在微博上爆料称，中国红十字总会募捐箱办公室主任张赢方，既是红十字世博温暖基金副主任、红十字传播基金副秘书长，同时竟然也是一家叫'心动中基传媒'公司的总经理。"

但有媒体就此向中国红十字总会求证，红十字总会没有正面回应。与此同时，网友惊奇地发现，这条微博出来没多久，与"张赢方"相关的一些网页陆续被删。从这段叙述可以看出，郭美美新闻事件的延展性在微博上体现得非常明显，而其延展是由拥有雪亮眼睛的众多网民提供的。网民通过不断地挖掘和爆料，使这个事件跌宕起伏，高潮频出，其影响力很大，对红十字会的募捐造成极大的负面影响。民众对红十字会的信任度也急剧下降。而这个不断被丰富的无边界的有着无限延展性的新闻事件，无疑是微博新闻中很有价值的新闻事件。

2. 接近性

对于传统新闻来说，衡量新闻价值的标准之一就是接近性。据刘海贵《新闻采访写作新编》："接近性是指新闻事实具有令人关切的意义。这种接近主要是指地理、职业、年龄、性别、心理及利害关系等方面的接近。一般情况下，离读者身边越近、关系越密切的事，就越为他所关注，新闻价值也就越大。"① 而对于新媒体新闻来说，接近性更是衡量其新闻价值的一个重要因素。但是这种接近性不是指地理、职业、年龄等方面的接近，而是指阶层、直觉和情感上的接近。对于使用新媒体的网民来说，大部分都属于草根阶层。从阶层这个角度讲，他们所关注的新闻焦点也比较接近。比如，他们更关注普通人身上发生的不普通的事儿，更关注身边发生的新闻。相比于传统新闻衡量新闻价值的标准——重要性和显著性来说，他们并不是特别关注权贵政要和各种会议，那样的生活离他们太过遥远。例如2013年1月12日"江苏身边事儿"发的一条微博："【四代单传 南京一儿媳被迫打'生男针'】家住秦淮区的老朱家四代单传，随着儿子结婚后，朱老太太开始动起了心思。日前，她带着儿媳妇来到南京市妇幼保健院询问专家，是否可以通过注射碳酸氢钠，让儿媳妇的体质变成碱性体质，争取一举得男。当场被医生严词拒绝了。"这样的身边发生的普通人的稀奇事儿最能引起关注和转发。陈力丹在《新闻理论十讲》中谈道："与强调新闻价值相反，现在还出现了'反新闻价值'

---

① 刘海贵：《新闻采访写作新编》，复旦大学出版社，2005。

的新闻选择标准。当然，论证者不是完全反对传统的新闻价值理念，但是强调以'亲社会意识'来校正以往的选择标准，反对新闻传播中对弱势群体的歧视。比如，传统新闻价值强调在名人身上出新闻，现在有人提出，在小人物身上出新闻。"① 其实这里所谓的"反新闻价值"的新闻选择标准，正是微博新闻的新闻价值标准。先是由于其阶层上的接近性，微博新闻更偏爱小人物身上出的新闻，而且微博新闻更接地气，相比于传统新闻的高大上，微博新闻没有阶层平衡的必要，也没有宣传的功能，与社会无缝对接。再比如《人民日报》的一则微博："【湖南5名大学生暴走300多公里回家：再不疯狂就老了】这5个穿着冲锋衣、背着背包、拿着登山杖的'90后'大学生，来自湖南财政经济学院和湖南商学院。12日这天，他们选择从长沙徒步回到郴州老家，预计耗时10天，行程300多公里，用自己的'铁脚板'印证一句话：再不疯狂我们就老了。"这样的小人物身上的新闻是很受微博用户关注的。其次是直觉上的接近。微博发布和转发新闻的人，都不是以传统意义上的新闻把关人的标准来衡量取舍的，而是从直觉上认定这新闻是值得发布或转发的。这种直觉，是普通人对新鲜事儿的敏感。也就是说，网民在发布和转发新闻时，只要这则新闻与其兴趣点有吻合之处，即可成为他们关注的新闻。那么这种敏感在新闻的

---

① 陈力丹：《新闻理论十讲》，复旦大学出版社，2008。

选择趣味上有相近之处。这种直觉上的接近，是平凡人在长期的平凡生活当中积累起来的新闻敏感。再一个是情感上的接近。普通人的七情六欲是最为相似的，所以他们的情感也有接近性。尤其是他们在微博发布或者转发新闻，往往会附带自己强烈的主观感受。这一点和传统新闻有大不同。传统新闻最为讲究的是客观叙事，以免因为暴露了记者的主观感受而影响受众的判断。但是微博新闻却与之相反，微博新闻发布时往往伴随强烈的主观感受。而读者在阅读此类新闻时，读者往往更愿意相信新闻发布者的感受是最真实的，这样使他们更容易感觉到此新闻的真实可感，有如身临其境。这种情感上的接近性，是微博新闻价值的一个重要体现。例如，对弱者的同情，对贪官的愤怒，对正义的渴望，这种情感结构的相似性，是微博新闻迅速集聚人气的重要因素。例如这条名为"讲句真话"的微博用户发布的新闻观感："看到南京政协委员拿Pad开会，官方称4年省150万的新闻后，大山的孩子们激动得热泪盈眶，一句话也说不出来！！！"用反讽和对比的表达方式表现了对官员腐败的愤怒和对弱势群体的关注。最后是语言上的接近性。网民看惯了传统新闻稿件严谨的语言表达，客观的叙述方式，对微博上用口语化、生活化的语言发布的新闻自然产生强烈的熟悉感、亲切感。例如春运车票销售期，微博上关于12306的新闻最易于被关注和讨论。看这一则发布者为"奇葩动车票"的微博："【庆丰包子铺动漫名都能乘车12306现化名买票】福建网友用真实身份证号加动漫名东风谷早苗和冴月麟，在12306网站订车票并顺利上车，又有庆丰包子铺车票现身，成功订票取票乘车退票，业内人士称12306未与公安联网无法审核身份，网友：说好的实名制呢？买不到票的节奏！"用"奇葩"一词来形容火车票，用"买不到票的节奏"来表达失望和愤怒，这样的语言表达方式通俗化、生活化，而且流行化，接近网民们的语言习惯，所以更容易被认同和接受。

3. 参与性

对于新媒体新闻来说，参与的人数也是衡量其新闻价值的一个标准。对于新媒体用户来说，其参与新闻的途径一般有两个：一是转发，二是评论。一个新闻事实，如果能引起网民转发的欲望，就体现出其价值了。转发的人越多，其价值就越大。如果能够引起网民评论的欲望，那价值就更大一些。网民的评论分为两种：一种是简单地站队，简单地表明态度和立场；另一种是旗帜鲜明地表达自己的观点，针对新闻事件发表自己的评论。在网络中，也存在着沉默的大多数，但是当很多人都选择不再沉默，而要针对某一新闻事件发出自己的声音时，可以想见这条新闻刺中了很多人的神经，那么这条新闻的价值就已经凸显。

4. 娱乐性

新闻学界关于新闻价值要素含量的理论中会提到趣味性这个要素。在刘海贵的《新闻采访写作新编》中这样描述道：

"趣味性是指新闻事实具有令人喜闻乐见的意义。西方资产阶级新闻学一般都把读者兴趣作为新闻的基础和试金石。因此,在他们看来,衡量新闻价值的真正要素,乃是趣味性。"① 由此可见,所谓趣味性,简单地说,就是指读者对新闻事实愿意看,想看,喜欢看。但是对于新媒体新闻来说,娱乐性的提法要比趣味性更合适一些。这是因为,趣味性只是读者在阅读新闻的时候有兴趣看,看完觉得有趣而已。而在新媒体新闻中,受众需要的则是在阅读转发和评论新闻的时候获得快乐,甚至因为参与新闻的转发和评论而达到一种狂欢的状态。在何敏的《对新媒体传播中大众文化心理的透视》一文中这样写道:"网络空间的生成,似乎将巴赫金研究的狂欢广场式的生活变成了一种生活状态。网络世界与现实世界相比,充满着大众性、颠覆性和娱乐性的特征。"② 新媒体新闻的娱乐性是其很鲜明的特点,人们由于在网络空间的虚拟身份,所以几乎可以肆无忌惮地调侃玩笑,当然,也有可能在娱乐的背后,揭示一个严肃的现实命题。从芙蓉姐姐、凤姐、小月月,网民们在网络新闻中找到了一个又一个能让他们尽情娱乐的对象。当对一个复杂而又严肃的问题无法轻易下定论时,网民也能够用一种娱乐的心态去对待,例如"范跑跑"。范美忠在四

---

① 刘海贵:《新闻采访写作新编》,复旦大学出版社,2005。
② 何敏:《对新媒体传播中大众文化心理的透视》,《新闻界》2011年第8期,第92页。

川大地震中的行为和后来的言论，颠覆了中国几千年来的师德观，在网民大跌眼镜却又被这种新奇的言论所惊诧的时候，网民用一种娱乐的心态表达了自己的迷茫。他们把范美忠称为"范跑跑"，还制作了"范跑跑之歌"以及一系列的搞笑视频。虽然在用娱乐心态对待这个未解的现实命题，但是这个新闻事件的影响却在网民的娱乐中不断地扩大延展，形成了一个有价值的新媒体新闻事件。

第二节 传统媒体的新闻真实标准与新媒体的新闻真实标准的不同

新闻真实，是指新闻所反映的事实是真实可信的。真实是新闻的生命，因为虚假的新闻是没有生命力也没有意义的，不仅容易误导受众，而且还会损害媒体的公信力。所以，媒体在报道新闻的时候追求新闻真实，新闻报道力图最客观真实地反映新闻事实。

我们看一下教材上对新闻真实概念的阐述。

综合刘建明《新闻学概论》、刘海贵《新闻采访写作新编》、李良荣《新闻学概论》的相关论述，我们可以把新闻真实性的要求总结为以下几个方面：

（1）构成新闻的基本要素要完全真实；

（2）新闻中引用的各种材料要真实可靠；

（3）能表现整体上本质上的真实；

（4）对人、单位、事件的评价要客观；

（5）不能脱离新闻来源随意发挥；

（6）新闻报道的语言必须准确。

这里所讲的新闻真实是指对专业新闻机构从事新闻报道的要求。那么，对于新媒体新闻来说，新媒体的新闻真实应该怎么衡量，应该怎么要求呢？新媒体的新闻真实相比于传统媒体来说，有什么样的不同？

首先，我们对照以上几条新闻真实性的具体要求，来对比一下新媒体新闻的新闻真实。第一条，对于新媒体新闻来说，一般都是非专业新闻工作者，或者叫草根民众通过自媒体发布的新闻。因为缺乏专业的新闻素养，所以，他们在发布新闻的时候一般不会把新闻的基本要素都写进去，甚至，新闻的五个基本要素，他们都不会完全搞清楚。但是，如果据此就说这个新闻是假的，显然是不妥的。第二条，新闻中引用的各种材料都要真实可靠，对于新媒体新闻来说，有考据癖的草根新闻发布者恐怕不多。要么不引用材料，即使引用的话也大部分都是凭记忆，说个大概，而且，他们在引用的时候，考虑引用的材料是否准确可靠，或者材料的性质、材料的来源的恐怕更少。他们引用材料是因为和他们发布的新闻相关，但是他们不去考据引用的材料，他们专注在自己发布的新闻上。第三条，表现整体本质上的真实，这是从哲学的抽象意义上对新闻的高要求。对于草根新闻发布者来说，现象还未必弄得足够清楚，更何况现象背后的本质呢？第四条，对人、事的评价要客观。新媒体新闻对于这一条来说，简直是背道而驰。因为新媒体新闻中，最常见的就是以第一人称的形式发布自己的所见所闻所感，现场感强，主观感受强烈。第五条，不能脱离新闻来源随意发挥。这对于新媒体新闻来说，又是一条约束性很强的高要求。第六条，新闻语言必须准确。对于草根新闻发布者来说，能把事件说清楚，没有歧义，已经是很不错的了。至于语言的准确、精练、生动，是草根新闻发布者很难顾及的。从这几点的比较来看，对于新媒体新闻来说，这几点要求都是难以达到、难以企及的，那是否就说明新媒体新闻没有新闻真实呢？当然不能。互联网和自媒体上那么多的草根新闻，不能说都是假新闻。我们只能说，对专业媒体的新闻要求不适用于新媒体上发布的新闻。

既然以上几点传统的对新闻真实的要求对于新媒体新闻来说都不适用，那么，我们就需要对新媒体的新闻真实建立新的指标体系去衡量。

第三节　新媒体新闻真实的体现

新媒体的新闻真实是一个动态的、发展的过程。在陈力丹的《新闻理论十讲》中，他这样说道："事实本身在发展，人们对这个事实的认识也在发展，人们对事实认识到什么程度，新闻才可能真实到什么程度。"① 新媒体新闻正是鲜明地表现这个认识过程和新闻真实程度关系的平台。新媒体新闻在人们的关注、转发、议论中，能够及时地更新新闻，直至结果出现，更易于接近事实的真相。在人们的转发议论中，包括了新媒体新闻的过滤、净化、补充、增添、修正、核实。

1. 新媒体新闻真实性的体现：后把关

新媒体的新闻真实，是众人的眼睛是雪亮的，众人拾柴火焰高，三个臭皮匠顶个诸葛亮的人海战术的良性结果。丹·吉尔摩说："读者整体（或观众、听众整体）知道的会比媒体专家更多。这是必然之理：三个臭皮匠，顶个诸葛亮。用最合理的方式来说，我们必须认清与利用民众的知识。"② 和传统媒体新闻不同的是，传统媒体新闻是先由把关人对新闻的真实性进行核实和修正，然后再公之于众。新媒体新闻是先公之于众，然后由所有的新闻受众充当把关人，再对新闻进行核实和修正。

那么先把关再发布和先发布再把关对新闻真实性的影响何在呢？

---

① 陈力丹：《新闻理论十讲》，复旦大学出版社，2008，第 61 页。
② 丹·吉尔摩：《草根媒体》，陈建勋译，南京大学出版社，2010，第 84 页。

传统媒体的新闻要有专门的把关人，一般由主编来充当。传统媒体的新闻把关的标准和限制有很多，例如，政治、文化、权力的制约。主编要有一个综合的考虑，才能去发布一个在政治、文化、权力允许之下可以被公众认知的新闻。在这样的情况下，传统媒体的新闻很可能是被政治、经济、权力裁剪过的新闻，发布的新闻只能是有限的真实。大千世界，每天发生的新闻千千万万，在报纸有限的版面中，在电视台、广播台有限的播出时间中，为什么要选择某些新闻播出，除了新闻价值的考量之外，政治、经济和权力的制约是显而易见的。相比之下，传统媒体新闻的热点和新媒体新闻的热点会有诸多不同，在陈力丹的《新闻理论十讲》中有这样一段话："相当多的新闻被看不见的权力（政治和意识形态的、经济的、传统文化的权力）自动地剪裁（很多问题不必上面下指令，记者编辑习惯性地自动剪裁了）、化装，原汁原味的新闻很少。说了什么，更多地意味着不说什么。传播学中的把关人理论，从另一种角度看，意味着不说什么。没有说的，往往比说出来的更有意思。"[①] 我们可以把每天纸媒的头版热点和新媒体新闻的热点比较一下，就可以发现其中的奥妙。而对于新媒体新闻而言，没有了这样一个把关人的角色，等于去掉了很多的限制和剪裁，新闻更自由而且更真实。但是自由总是相对的，新媒体新

---

① 陈力丹：《新闻理论十讲》，复旦大学出版社，2008，第71页。

闻的自由也要受到制约和把关，那就是新闻受众。在大众的雪亮的眼睛的审视之下，新媒体新闻必然要去芜存菁，才能被受众接受和认可。

新媒体新闻的受众之所以能够充当新闻的把关人，除了社会文化和环境的相对宽松，不能不归功于技术的偏向和赋权上。在尼尔·波兹曼的《娱乐至死》中，他写道："媒介的形式偏好某些特殊的内容，从而能最终控制文化。"① 新媒体技术的应用，让普通的草根民众也能加入到传播的起始和中间环节上来，并不简单地成为一个接收终端。技术赋予了普通民众更多的话语权利，让民主在新闻传播环节凸显出来。当然，草根民众能否用好这个权利，还取决于他们的公民素质，是否能够担当得起这个重任。草根民众能否用好这个技术赋予的权利，充当好新闻把关人暂且不谈，在人人都有麦克风的新媒体中，新闻被权力和政治、经济剪裁的机会却大大减少。在这样的情况下，新闻的自由度和真实性被无限地扩大。

2. 新媒体新闻的真实性的体现：去工具化

在新媒体新闻中，新闻真实的一个重要体现是去工具化。新闻回归到了事实本身，而不再是一个工具。传统媒体一般来说都被视为政府的喉舌，这首先就是一个工具化的定义。在传

---

① 尼尔·波兹曼：《娱乐至死》，章艳译，广西师范大学出版社，2011，第10页。

统的新闻价值说中，新闻价值的标准包括新闻事实的重要性、时新性、接近性、显著性和趣味性等要素，而这些价值标准并不是从受众的角度出发，而是从政党利益、资本利益出发产生的，这就使传统媒体的新闻呈现出工具性的特点。例如重要性，一般是指事件对社会产生震撼的特性。而事件是否对社会产生震撼，不是从其效果来观察，而是取决于新闻把关人的主观判断，事实上，这件事是否对社会产生震撼，他们并没有进行效果的追踪和研究。例如，我们的报纸头版头条经常被领导人的各种活动所占据，例如政协会议召开，领导人出访等，而对于普通民众来说，这些新闻是否对他们来说很震撼，影响巨大，是要打一个大大的问号的。所以，从这点来看，传统媒体的新闻更具有工具性的特点。再从显著性这个价值标准来看，所谓显著性，是指容易引起人们注目的知名人物的活动。为了引起公众的注意，有些名人以上头条为目标，甚至故意策划事实，以引起众人注目。这也使媒体变成了名人更有名或者保持自己的影响力的一个工具。再比如新闻的仪式化。戴扬和卡茨在《媒体事件》一书中将大众传播时期的媒体事件归类为三种：挑战、征服和加冕。在大众传播时期，这样的新闻传播更像是一种教堂式的仪式型的传播，它要传递的是让众人膜拜的带有共识性文化价值的观念，而不仅仅是信息。类似于这样的仪式性新闻，几乎都是千篇一律，除了人名、地名和时间不同，其他内容都基本相同。尤其是一些重大的会议，基本都有这样一句话：某某大会胜利召开。例如网络上流行的一个段子，表达了对这种仪式化新闻的嘲讽：会议没有不隆重的；闭幕没有不胜利的；领导没有不重视的；看望没有不亲切的；接见没有不亲自的；进展没有不顺利的；完成没有不圆满的；成就没有不巨大的；工作没有不扎实的；效率没有不显著的；决议没有不通过的；人心没有不振奋的；班子没有不团结的；群众没有不满意的……这样的仪式化新闻的意义已经不只是传递信息，而是成了传播某种观念的工具。这样的新闻，其工具性大大超越其事实本身的信息性，用新闻真实去要求它，显得有点多余。而对于新媒体新闻来说，受众更关注的是新闻事实本身，所要满足的是最朴素的对世界认知的基本需要，而不是把新闻当作达到某个阶层或者私人目的的工具。在刘建明的《新闻学概论》中，他这样描述现代新闻价值，他说："现代新闻价值是指新闻在受众接受过程中满足其认识需要表现出的效用，包括受众对新闻的精神享用和由此导致的物质利益的获取，包括有用、有益、有效三个要素。"[1] 这个新闻价值概念对于新媒体新闻来说是比较适合的，也就是说，现代新闻价值说把新闻的工具化淡化了，强化了受众对新闻事实本身的认知需要。所谓无欲则刚，正是新媒体新闻的价值标准的去工具化，才能使新媒体新闻受到的限制较少，受到的事实之外的影响较

---

[1] 刘建明：《新闻学概论》，中国传媒大学出版社，2007，第208页。

小，从而能最大限度地满足和保证新闻的真实性需求。

3. 新媒体新闻真实的体现：去焦点化

新媒体新闻呈现出来的是一种发散式的状态。不像传统新闻，必须一事一报，要严格围绕一个新闻事件，一个新闻主题来写。新媒体新闻，呈现出来的是一种不断出现新的事实就不断进行补充，焦点和主题也在不断移位的状态。例如2012年著名的新媒体新闻事件——杨达才事件，这个事件的焦点不断在移位，同时其新闻事实的真相也在一步步被揭开。"事故现场官员满面笑容，情绪稳定。"8月26日16时35分，在翻看"8·26"陕西延安特大交通事故的现场图片时被一名官员的笑容激怒后，网友"@JadeCong"发出了这条微博，并附上了这名官员在事故现场微笑的图片。该微博被广泛转发。当天19时53分，网友"百姓大于天"在发微博指出涉事官员为时任陕西省安监局局长杨达才。22时29分，网友"卫庄"在其微博发布了一张杨达才佩戴手表的照片，并称"网友怀疑是价值3.8万多欧元的欧米茄"。23时57分，渤海论坛的新浪官方微博发布了杨达才在不同场合佩戴有5块不同款式手表的照片，称这是"陕西省安监局局长杨达才同志的爱好"。8月27日18时12分，第五大道奢侈品网首席运营官孙多菲在其微博中称："我已向表行业内专家请教：第一张：6.5万元左右的蚝式恒动系列劳力士；第二张：3.4万~3.5万元之间的欧米茄；第三张：江诗丹顿18K玫瑰金表壳，而且是机械的，市场估计在20

万~40万元；第四张：欧米茄，价格也就3万多元到4万元；第五张：雷达全陶瓷，市值估计3万元。"这条微博被转发14000多次，引发评论5000多条。网民在对这些微博的不断爆料的围观和评论中表示，一个安监局长如果只靠其工资收入，不可能有这么多的名贵手表，其本人有贪污腐败的重大嫌疑。如长江网网友"刘全"评论称："一个官员过分追求奢侈的生活，戴名牌手表，这样的官员自身清白让人怀疑。"从一个官员在交通事故现场的微笑的愤怒，到通过人肉搜索对其身份进行辨别，到对其佩戴的手表的关注，再到网络反腐，其新闻焦点在迅速移位，可以说是一天之内，围绕杨达才的种种真相在网友的不断补充和评论中逐渐露出水面。其传播的迅速，新闻真相揭开的迅速，都是新媒体新闻在去焦点化的情况下所达到的。由于网络舆论声势浩大，传统媒体也迅速介入，传统媒体的新闻又经过网络和新媒体的二次传播，对杨达才事件的发酵也产生了极大的推动力。陕西纪委也比较及时和迅速地做出反应，查处了杨达才的违纪事件。在27天的时间里，杨达才从一张照片上网到官场落马，可谓是网络新媒体在揭露新闻真相上的一次绝大胜利。而这个胜利，是建立在网友的全民智慧之上的。

4. 新媒体新闻真实的体现：去标签化

标签式传播在现今的媒体传播中是一个比较值得注意的传播方式。所谓标签式传播，是指传播内容被定质定量，像被贴上标签一样，以一种固定的刻板的模式化的印象进入传播过程。这样的传播方式容易让受众形成先入为主的认知框架，以思维定式统摄接受过程，从而忽视了传播内容在群体中的个体差异，妨碍受众对传播内容的客观认知。标签式传播是一种简化认知过程，易于被传播和接受的传播方式。但是标签式传播有很大的局限性，对于媒体和受众来说，标签式传播会忽视传播内容的个体差异，影响受众的心理图式，而受众的心理图式影响其对传播内容的现实判断，从而妨碍受众对传播内容的客观认知。标签式传播也并非一种有意为之的传播方式。新闻标题中的关键词，媒体选择新闻的价值标准，媒体新闻选题的跟风与炒作，媒体对类型化题材的倾向，都是形成标签式传播的重要因素。贴标签式的新闻传播，容易陷入两个误区。一是特点鲜明但没有变化，二是把新闻事件的成因简单化。而对于新媒体新闻来说，由于其没有标题，网民的非专业化使其很难用一定的价值标准来选择新闻，所以，新媒体新闻标签化的程度较低，在这样的情况下，就能够较多地去除标签化传播的局限，尽可能地彰显事件的多个侧面和细节，从而促进新闻事实的真实呈现。例如2014年发生的内地女童香港便溺事件。一段内地女童在香港街头小便，遭拍后父母与港人发生冲突的视频在网上流传，立刻引起微博网友关注。著名记者闾丘露薇在其微博上称："孩子当街便溺，有路人拍照，遭孩子父亲抢走相机和记忆卡，孩子母亲打了路人一耳光。警察到场调查后，父亲无条件释放，母亲涉嫌袭击被捕，准予保释，5月中需到警局报到。"这段视频所呈现的孩子当街小便被拍照，双方发生争吵，孩子父母动手打人的内容，很容易导致两地网民在骂战中情绪升级，因此此事件很快发酵成香港和内地的两地文化习惯的矛盾冲突。而次日，另一段更加完整的视频在网上出现，这段视频显示，孩子父母曾向在场人极力解释，卫生间排大队，可孩子憋不住了，更有网友提供细节，在小孩小便时母亲专门用纸尿布接住。在新媒体不断补充的新闻事实细节中，新闻事实的真相逐渐露出水面。新闻事实本身的标签在事实真相的呈现中，在网友的讨论中被去除。单纯的标签化只能使复杂的新闻事实真相被掩盖。在这个事件中，对内地游客素质的指责和攻击被不断补充修正的事实真相击溃。有网友跟帖称："强烈要求断章取义的凤凰卫视之女记者公开道歉！！请向女孩父母道歉！①隐瞒了父母主动带小孩去厕所排队很久直到小孩终于憋不住的事实。②隐瞒了小孩尿尿时母亲专门用纸尿布接住。③隐瞒了母亲把纸尿布装入行李袋提着。④隐瞒了港人拉扯斥喝且拍了小女孩私处后父母才夺记忆卡。"网友认为，作为一个新闻专业工作者，应该以公正认真严肃的态度，以客观中立的立场，还原事实真相为己任，而闾丘露薇却断章取义，有失偏颇，误导了大众。舆论的反转，使香港和内地的矛盾冲突问题、内地游客的素质问题等标签化的传播内容失去了传播势力，通过对事实细节和真相的呈现和关注，网民开始更为冷静和理性地对待此新闻事件。有评论出现这样的标题：幼童香港便溺争端，无关文明有关情绪。由此可以看出，新媒体新闻的事实细节补充和呈现，对去除标签化新闻传播非常重要。而去除了标签化的新闻传播，也更有利于事实真相的揭露。

第三章　新媒体新闻传播对传统新闻传播理论的消解与重构

新媒体的出现强势改变了传统的传播格局和传播生态,原来适用于传统媒体的新闻传播理论也面临着消解与重构。

第一节　沉默的螺旋与狂欢广场

沉默的螺旋理论的提出者是德国学者诺尔·纽曼,她认为,人们会由于对意见气候的判断和对被孤立于大多数群体之外的压力的规避,来决定自己是否要发布意见。在大众传播的环境下,经过大众传媒传播的意见在一般意义上会被当作优势意见被公众认知。如果认为自己的意见可能不会被多数人支持,一部分公众可能就会选择沉默。而认为自己的意见会得到大多数人的支持的一方,就会更加大胆地发表自己的意见。在优势意见的大胆表达的氛围中,劣势意见选择了沉默。那么在公共领域内，优势意见的声音越来越大，另一方的沉默却在扩散，这样就会造成优势意见的势力越来越大，而沉默一方的势力越来越小。双方的势力消长呈螺旋状。

沉默的螺旋理论，强调了传统媒体对公众认知层次的影响，并且会形成强大的舆论场，从而产生一定的社会效果。而由于新媒体传播的多元性、开放性和互动性，新媒体传播过程中，主流意见的形成并不能单纯依赖媒体自身的声音。新媒体往往只是提供新闻传播的平台，而很难由其去引导舆论。在新媒体形成的新的公共领域空间，网民们以匿名的形式，以平等的心态参与到新闻事件的传播当中，在相对公平、开放、多元的公共空间里，网民可以自由地发表自己的意见，如果觉得自己的意见不被大多数人所接受，往往也不会单纯地选择沉默。由于网络空间群体的不稳定性，网民在自己的意见不被接受或拥护时，也能够找到自己发表言论的空间。他可以选择其他的群体，也可以选择其他的网络空间，而不会选择沉默。网络空间容许价值观的多元存在，也不会只有一派意见独树一帜。在这种传播态势下，沉默的螺旋理论显然不适用于新媒体的新闻传播。

沉默的螺旋理论之所以不适用于新媒体的新闻传播，一是因为在新媒体新闻事件的传播中，除非是比较重大的民族主义事件或者指向鲜明的道德事件，一般不会有一个稳定和集中的舆论导向，舆论力量不断变化和分解，很难形成一个最终的优势意见，而是众说纷纭，各说各话。二是在新媒体新闻事件传播的过程中，会形成不同的舆论场，不同的舆论场中各有其优势意见，但是因为舆论场的分散和多元，难以形成合力，最终难以产生明显的社会效果。三是传统的主流媒体参与新媒体事件，能够起到催化升级和放大的作用，但是很难有一家媒体能够完全主导舆论。

沉默的螺旋理论虽然总体上不再适用于新媒体新闻传播，但是，它仍然有小部分的适用范围。例如，关系重大、挑战社会普遍价值的事件的传播，这个理论仍然适用，又如民族主义事件、指向鲜明的道德事件，以及公权腐败事件。

总体上，此消彼长的沉默的螺旋理论不再适用于新媒体新闻传播理论的舞台，那么取代它的将是什么理论呢？狂欢理论。狂欢理论源自巴赫金对狂欢广场的研究。新媒体传播理论借鉴了巴赫金的民间狂欢文化理论。巴赫金认为，狂欢是与正统官方文化对立的，他说："所有这些仪式和演出形式，作为以取乐为目的的活动形式，同严肃的官方的、教会和封建国家的祭祀形式和庆典都有明显的区别，可以说是原则性的区别，它们显示了看待世界、人和人的关系的另一种角度，绝对非官方、非教会和非国家的角度；可以说，它们在整个官方文化彼岸建立了第二世界和第二生活。"[1] 而狂欢文化的重要特征就

---

[1] 〔俄〕巴赫金：《陀思妥耶夫斯基诗学问题》，白春仁、顾亚铃译，三联书店，1992，第353页。

第三章 新媒体新闻传播对传统新闻传播理论的消解与重构

是人人平等，取消了一切等级的关系，身份、等级、阶层等外在的附加成分被忽视和取消，人们回归到了人最根本的自身，把人们分割成各个等级的界限消失，人们的接触变得随意而且亲近。他说："人们之间不平等的任何距离，都不存在。起作用的倒是狂欢节的一种特殊的范畴，即人们之间随便而又亲昵的接触。"[1] 狂欢文化的重要特征还体现在全民性和脱冕上。他说："我们要特别指出这种节日诙谐的世界观性质和乌托邦性质，以及它的求最高目标的精神。在这种诙谐中，但完全是在新的意义上，依然存在着远古诙谐性对神灵的嘲笑。在这里，一切祭祀性的成分和限定性的成分都消失了，但全民性，包罗万象性和乌托邦成分却保留下来了。"[2]

网络的开放和多元，让这样一个新的充满活力的公共领域空间变成了一个我型我秀的秀场。当一个新媒体新闻事件露出水面，网民们尽情表达自己的意见，更像是一种对自我的展示。这种展示的价值体现就是得到他人的认同。雷蔚真在《从仪式到派对：互联网对媒介事件的重构》一文中这样解释巴赫金提出的狂欢理论："巴赫金把狂欢式的世界感受概括为随便

---

[1]〔俄〕巴赫金：《巴赫金文论选》，佟景韩译，中国社会科学出版社，1996，第105页。

[2]〔俄〕巴赫金：《巴赫金文论选》，佟景韩译，中国社会科学出版社，1996，第109页。

而亲昵的接触、插科打诨、俯就、粗鄙四个范畴,而狂欢的主要仪式是加冕脱冕式,其核心是交替和创生。"① 在新媒体事件发生后,公众的注意力迅速聚集,并且会迅速形成争议的焦点,而整个新媒体事件的全貌和不在争议焦点的细节会被忽略不计。新媒体事件成为狂欢派对的平台,但是在平台上献舞的是各类网民,或者是各类网络社群,新媒体事件本身的主角却只成为一个被选择的对象或者是隐身人,他是否存在要看网民的注意力焦点需求而定。雷蔚真说:"范跑跑事件正体现了这一点。在事件全程中,媒体与公众的关系从电视主导的自上而下的仪式,转变为由网络邀请的自发式狂欢派对。由于事件的绝对主体严重缺位,这个网络派对呈现出极度多元、各说各话且经常互无交集的散乱场景。媒介事件从原来的调和主义变成了竞争性分化。以往媒介事件中屈从于权威、被仪式转化的普通公众,在网络技术平台上,表现出充分的自主性,从而选择参与或不参与,关注或不关注,严肃讨论或恶搞戏谑。"② 在网络情境下,媒体事件已经不再有单纯的受众,而人人都可以成为事件发展过程的参与者和表演者,可以说是一场没有演员和观众之分的狂欢派对。在这样的一个狂欢派对上,各路媒体的

---

① 雷蔚真:《从仪式到派对:互联网对媒介事件的重构》,《新媒体事件研究》,中国人民大学出版社,2011,第66页。

② 雷蔚真:《从仪式到派对:互联网对媒介事件的重构》,《新媒体事件研究》,中国人民大学出版社,2011,第66页。

加入，只是对新闻事件的催化和升级，传统媒体或主流媒体也很难再去主导舆论，媒体的论调，对于狂欢的网民来说，可以被选择性地跟随或者忽略，这都是要依据网民的兴趣而定。而对于新媒体新闻事件的传播，事件和事件主角会被选择性地遗忘，网民们会讨论很多与此事件相关的衍生品。甚至在新媒体新闻事件从高潮逐渐衰减，最终落入低潮之后，原发性的事件已经变成了一个符号，人们关注的焦点已经发生了严重的位移。之所以会出现这样的状况，也说明新媒体新闻事件的传播，是一场网民和各路媒体的狂欢。他们在这个狂欢平台之上，各做各的表演，没有谁能强势主导舆论，最多只是得到一部分人的认同，已经是其在狂欢秀场的表演价值所在，但其意义更在于参与了这场狂欢，发出了自己的声音。传统媒体的精英主导、仪式化的传播被消解，参与到这场狂欢中去，各说各话，各取所需，成为新闻事件传播过程中的新的状态。普通网民在狂欢派对中的发声和展示中，获得了身份的认同、内心的满足和平静。媒体在狂欢派对的积极推动和参与中，吸引了更多的眼球。而新媒体事件和主角本身，却在这场狂欢派对中随意被选择，甚至被装扮，被遗忘。例如雷蔚真对范跑跑事件的研究。四川汶川地震发生后，某校教师范美忠在天涯发帖，记录了他在汶川地震中的亲身经历以及他的思想感受。地震发生后，他没有管学生，自己就从教室跑了出来。他还对自己的行为做出合理化的解释，并且拒绝道德上的指责和绑架。这个帖子一时间引起了轩然大波。大家忽略掉了范美忠自己的解释，而是把关注的焦点集中在了他扔下学生独自逃跑这个具体行为上，但是，对范美忠的道德公审并没有持续很长时间，很快，网民的观点就呈现了几极分化的态势。其间，传统媒体也纷纷加入，扩大了此事件的影响，但是并没有任何一家媒体可以主导舆论，对范美忠的评价仍然呈现出众声喧哗的态势。雷蔚真说："在一个建诸互联网的媒介事件中，随着事件的发展，公众似乎会逐步失去对于该事件起因和所谓主演的真实想法的关注。参与一起新媒体事件的大众，需要的是这个可以唤起参与讨论的契机，即便后续的事件远离了起点的事实层面的细节，公众仍然需要这个事件的象征意义及其争议背后的本质探讨。"① 范美忠本人作为事件的绝对主角却被忽略，其真实的角色和思想，已经不再是网民们所关注的，网民把范美忠符号化，称为范跑跑，然后讨论的是这个符号衍生出来的相关话题，对这个符号代表的主角本人却并不再予以关注。

在新媒体新闻事件的传播过程中，网民们所关注的往往不再是事件本身，而是事件能否衍生出他们的话题，能否让他们有一个展示自己的舞台。在对事件的争议中，在各路观点的交锋中，没有谁或者媒体能够主导一种舆论，往往是众声喧哗，

---

① 雷蔚真：《从仪式到派对：互联网对媒介事件的重构》，《新媒体事件研究》，中国人民大学出版社，2011。

争论激烈,事件的传播已经没有主客体的区分,人人都是主演,呈现出狂欢广场的态势。

第二节 传统议程设置理论的新应用

传统的议程设置理论揭示大众传媒如何影响大众的思维和视角。传统媒体通过议程设置,可以在大众中营造出一种拟态的环境,影响大众对现实世界的认识。"大众传媒作为大事加以报道的问题,同样也作为大事反映在公众的意识当中。传媒给予的强调越多,公众对该问题的重视程度也就越高。"[①] 比如报纸每天在版面的头版头条放置重要新闻,在受众的头脑中,放置在报纸头版头条的新闻就是今天最大的事,最值得关注的事,但是受众却很少考虑这样的大事是否与他相关,对他来说是否真的是大事。例如报纸头版头条放置国家领导人访美的新闻,报纸的编辑认为这样的新闻是最重要的,反映在受众的头脑中,他们也认为这是今天最重要的新闻,但是这种新闻对他个人来说能产生什么样的影响呢?由此可以看出,议程设置理论完全是从传播者的角度出发,受众只是单纯的接受者。传播者同时充当把关人的角色,受众所接受到的信息是通过传播者头脑过滤过的信息。但是在新媒体新闻传播中,议程设置理论表现出了不适用的状

---

① 郭庆光:《传播学教程》,中国人民大学出版社,2011。

态。一是由于在新媒体新闻传播中，传受关系发生了变化。原来的受众也可以作为传播者而存在。他们是自己的把关人，可以随时随地发布信息。二是由于其信息发布的碎片化，普通网民在传播新闻的时候，去做议程设置基本上不可能。他们在进行新闻传播时，更多的是情绪的激发，而非理性的传播，而且其兴趣的焦点会很容易发生位移。在这样的新媒体新闻传播态势下，是不是可以说议程设置已经完全失去效用？

传统的议程设置理论更适用于传播者在新闻传播过程中占据绝对的重要地位的时代，但是它并不是完全的落伍，也没有完全被颠覆。这主要是由于，在新媒体新闻的传播过程中，新媒体可以影响传统媒体的议程设置，传统媒体可以通过新媒体新闻传播过程中的舆情搜集和分析，来规划议程设置。新媒体如今已经成为传统媒体搜集新闻线索的重要途径，新媒体的舆论热点往往成为传统媒体关注的对象，传统媒体会根据新媒体舆论的热度来决定媒体进行议程设置。而在新媒体新闻的大众传播中，门户网站也是可以进行议程设置的，比如，把重要信息放置的网页的上首位置，字号加大，字体加粗，配图片，配视频，或者设置网页专版。

第三节 使用与满足理论的丰富和深化

在以往的传播学研究中，往往对传播者的研究就像传播者的地位一样，处于中心地带。随着媒体的发展，受众在传播中的作用和影响逐渐凸显，传播学研究开始转向密切关注受众的研究。使用与满足理论就是站在受众的角度研究大众传播的影响。

在刘海龙的《大众传播理论：范式与流派》中这样描述使用与满足理论："根据卡茨等人的定义，使用与满足关注的主要问题是：由社会因素和心理因素产生了需求，这种需求又导致了人们对大众传播或其他信源的期待，这种期待引起了不同类型的媒介接触（或者其他行为），其结果导致需求的满足和其他后果（可能多数是无意的）。"[①] 从这个描述中，我们可以看出，使用与满足理论把受众的需求放在了媒介使用的前一个阶段，也就是说，由于社会环境影响了人们的社会心理，由此产生了某种需求，而因为先有了某种需求，所以才去选择相应的媒介来满足这种需求。有了这样一个前提，后来的使用与满足理论研究就主要偏向于人们对媒体的使用动机以及使用效果，以及社会环境对使用与满足的影响。

在新媒体传播的环境下，使用与满足理论的内容可以有更加丰富的内涵，这一理论在新媒体传播实践中被深化和发展。

首先，新媒体传播改变了使用与满足理论的路径。人们使

---

① 刘海龙：《大众传播理论：范式与流派》，中国人民大学出版社，2008，第271页。

用新媒体的原因并不在于先有了需求，然后再去使用新媒体；而是新媒体技术的发展，使新媒体超越了人们的期待。作为一种新鲜的媒体形式，人们使用新媒体，对他们来说就是一种满足。而且，在使用新媒体的过程中，新媒体满足了他们潜在的需求，这种需求可能是受众本身都意识不到的。也就是说，新媒体并没有处在一个被选择的地位，而是新媒体以自己独有的魅力征服了受众，受众在接触新媒体时就出现了满足的状态。例如，网络技术的发展创造的媒体平台，人们在使用网络的时候，并不是在明白自己需求定向选择的状态，而是体验新鲜媒体，并且从中找到满足的状态。后来的聊天室、论坛、博客、微博等新媒体平台的出现，都超越了大多数受众的想象。也就是说由于媒体技术的发展，人们先被这种先进的技术所吸引，然后去体验新媒体，从而在获得潜在的满足的情况下，从新媒体找到更多让自己有满足感的地方。

  其次，人们从媒体获得的满足已经不仅限于使用媒体后从媒体内容中所得到的感受，而是在媒体的接触和使用过程中就已经有了满足感。例如，新媒体成为时尚潮人的又一标签。比如几年前，谁没有博客谁就落伍了，两年前，谁没有微博谁就落伍了，现在，谁没有微信谁就落伍了。在这些层出不穷的新媒体发展过程中，能够跟上新媒体的脚步，成为新媒体的使用者，就能够让受众拥有一种满足感，感觉自己没有被时代的大潮淘汰，而是跟上了时代的脚步，最满足的当然是做一个超前的新媒体使用者。比如当微博刚推出时，第一个微博用户发出第一条微博时，内心的满足感是因为他接触和使用了新的媒体，而不是他从微博当中获知了什么新闻内容。再比如苹果手机的销售过程，苹果手机可以说是最先进的手机，人们在使用苹果手机的时候，更多的是被苹果手机琳琅满目的新媒体功能所吸引。在苹果手机每一代推出的时候，粉丝都连夜排队购买。不可能每一位苹果的粉丝都有明确的媒体需求，或者使用苹果手机才能满足他们的需求，而是在用先进的苹果手机体验新媒体技术的时候，他们的内心就已经获得了强烈的满足感。

再者，原初的使用与满足理论，重点强调的是人们选择相应的媒介来满足已经产生的需求，但是在新媒体的使用中，人们获得满足的，并不仅仅是已经产生的需求，而且是他们自己未知的需求在新媒体的使用过程中被激发出来，并且获得满足。例如自我身份的认同，新媒体前所未有地激发了受众的自我认同力量。在传统媒体的使用中，受众总是处于一个被动接收的地位，而在新媒体中，受众可以作为主体而发声，并且参与到各种网络群体事件中，在事件的参与过程中，感受到自我的认同以及认同的力量。在雷蔚真的《从仪式到派对：互联网对媒介事件的重构》一文中举了范美忠的例子来说明这个问题，她说："一方面，作为事件导火索的个体言行，源自范美忠个人预设的对抗式的身份认同；另一方面，范跑跑事件的扩大、升级乃至高潮，其驱动力一直都是类似的社会公众的身份认同需求——关于地震中如何处理自我安慰与救助他人的关系，这毫无疑问是一个不可能达成社会共识的讨论话题。但是，它在特定的时间点，通过讨论道德选择，激发了社会大众自我身份认同的共同需求。"[1] 例如，交往和表达需求，聊天也是一种交往和表达方式。在使用传统媒体的时候，人们一般不会跟陌生人聊天，分享自己的观点和感受，但是在网络上，面对一个个虚拟的 id，人们却可以畅所欲言，甚至把和亲朋好友都不能交流的话题和网络上的陌生人进行交流。这样的分享需求，是他们先前未知的，是在新媒体的使用过程中被激发出来的。

又如贡献与共享需求。在互联网的使用中，我们可以看到，互联网中有相当多的共享资源。有很多资源是受众自发自愿地进行搜集整理编辑的资源，放在网上让其他用户下载使用。在他无边界无限制地分享资源的时候，每一个下载他上传的资源并认为这个资源比较有用的用户，都会让他产生满足感。而在现实社会中，人们的资源分享是有边界的，例如只给亲朋好友分享使用，陌生人是很难分享到的。但是在网络社会中，却能够实现这种无边界的分享，并且浏览和下载的数字越大，人越多，越能够给提供资源的人带来成就感和满足感。这与使用传统媒体时是完全不同的。

---

[1] 雷蔚真：《从仪式到派对：互联网对媒介事件的重构》，《新媒体事件研究》，中国人民大学出版社，2011，第66页。

第四章　新媒体新闻传播与网络舆情

新媒体新闻传播不仅改变着传统媒体的新闻传播规则，对传统媒体的舆论监督模式也发起了挑战。传统媒体的舆论监督模式一般是由传统媒体对某一事件或现象予以揭露和批判，发起议题，进行议程设置，引导公众舆论。而新媒体新闻传播形成的网络舆论却有着不同的特点，近年来，新媒体作为社会舆论的重要传播载体，对于社会现实事件的影响力越来越大，所以新媒体新闻传播与网络舆情是值得研究和关注的。

第一节　新媒体新闻传播易于形成网络舆论

新媒体新闻传播形成网络舆论的途径一般是两个：一个是传统媒体发布新闻信息，新媒体从传统媒体中获知此新闻信息，然后公众通过新媒体进一步传播此新闻信息，通过新媒体的传播，形成舆论热点。

另一个是新媒体中个人发布信息，引起众多关注——网上跟帖、相关发帖、聊天传播等，最后传统媒体介入，对新闻事件的传播进一步的催化和放大，从而使此事件在新媒体上的点击和评论增多，从而形成巨大群体性舆论。

传统媒体发布新闻信息，引导社会舆论，往往已经推出一个标尺，引导公众以此为基准对此新闻事件进行评论。这种被动的反馈和响应，是难以提高民众的热情的。传统媒体主导社会舆论，主流声音的表达会掩盖其他声音，也会让民众失去发声的愿望。相比于传统媒体的舆论主导来说，新媒体环境下更易于形成强大的舆论场。这主要是由于以下三个原因：首先，人人都可以发声，允许多元化声音并存，这是形成舆论的最基本的环境，新媒体显然就是这样一个环境。其次，由于新媒体人际传播的传播形式，使新媒体更易于在大的范围内形成舆论。这也印证了拉扎斯菲尔德的两极传播理论：信息往往是从媒介传播到意见领袖，又经由意见领袖的人际传播行为获得进一步的扩展。例如2008年10月发生的四川广元柑蛆事件，最早发布此信息的是传统媒体《华西都市报》，后来《北京青年报》也进行了转载，当时并没有引起大规模的社会舆论。但是当个人在网络上发帖称《柑蛆疫区看来只是四川广元》，却造成了很大影响。帖子称："请告诉你的家人朋友，暂时别吃桔子，今年广元的桔子在剥皮后的白须上发现小蛆状病虫。"此帖被各个论坛和社区疯狂转发，并迅速引发了各种人际传播行为，大范围的舆论场迅速形成，从而导致了全国柑橘市场的萎缩。最后，由于新媒体的即时互动交流特征，网络舆情会飞速发展。没有像传统媒体那样固定的传播时间和传播渠道，而是即时的病毒性传播，从而会使网络舆情如滚雪球一样飞速地越滚越大。

第二节 新媒体新闻传播形成的网络舆论的特点

一 消解权威，相信网民自己的声音

在网络舆论场中，有一句话被奉为至理名言，那就是群众的眼睛是雪亮的。作为社会精英人物的专家教授，原本是各个方面问题的发声的权威，引领舆论的先导，但是在网络舆论场中却不断地被质疑和嘲笑，例如专家被称为"砖家"，教授被称为"叫兽"等。这一方面是由于网民认为这些社会中的精英人物代表的是权贵阶层的利益，所以有些专家被明确地打上了御用的标签。比如在药家鑫案件中，认为药家鑫杀人是因为弹钢琴形成的习惯使然的某教授，被网友炮轰和嘲笑。一方面是专家教授在发言的时候，往往避开矛盾的中心，打官腔，与网民处于疏离的状态；另一方面是某些专家教授行为不检，爆出丑闻，被网民讥讽为表面道貌岸然，实则衣冠禽兽。如此一来，原本作为权威人物被看待的专家教

授,被网民视为对立的阶层,自然他们身上附带的权威的光环就被消解了。网民在舆论场中,从社会分层来说,绝大多数都属于平民阶层,他们受过一定的教育,有强烈的民主意识,但是在经济收入和社会地位上又处于金字塔的底层。他们形成的网络聚合体认同平等身份,利益一致,因此他们互相信任,更相信网民自己的声音。所以,人肉搜索变成了网民弄清事实真相的一种方法,这是一种通过网民自身的力量,在人与人的互动搜索中寻找需要的信息,然后汇聚相关信息的搜索机制。虽然人肉搜索在某些事件上有负面的作用,造成了网络暴力,但是人肉搜索在网民原初的认识上,是以自身力量寻求正义和公平作为出发点的。这也表现了网民对社会权威的质疑和不信任。

二 行使监督主体权利,弥补传统媒体的监督缺位

舆论监督本来是媒体应尽的责任,但是传统媒体由于体制的问题,发布信息要经过各级审查和把关,往往对一些突发事件中的新情况和新问题,会出现暂时性的失语状态。因为一些突发事件中的新情况和新问题,往往会触及社会的神经,是一些极为敏感的问题。传统媒体作为政府的喉舌,要考虑到舆论导向,社会稳定,往往慎之又慎,不会抢先发声,而是寻找合适的介入点,甚至完全回避。网络的舆论场恰恰

能够弥补传统媒体的监督缺位。网络提供了一个新的公共领域空间，网民们的主体意识在这个空间里被空前地激发，回归监督主体本位，行使监督权利，成为网民的主动选择。例如2011年在互联网上闹得沸沸扬扬的郭美美事件，无数网友参与报料，相关发言有几十万条，充分说明网民参与公共事务的热情和能力。而这个事件的起因，只是郭美美在自己微博上发布了几张炫富照。传统媒体一般很难对几张照片这么敏感并进行调查，而网民们却非常敏感，自发组织起来进行调查，最终发现了郭美美的财富和红十字会有扯不清的关系。从几张照片到轰动网络乃至全社会的轩然大波，网民们的监督力度可见一斑。在传统媒体监督缺位的情况下，网民们以聚沙成塔，集腋成裘的强大聚合力，行使公民的监督权利。再比如山西黑砖窑事件，也是首先由网络传播的。2007年6月5日，在河南政府网站大河网的大河论坛上，一篇标题为《罪恶的"黑人"之路！孩子被卖山西黑砖窑400位父亲泣血呼救》的帖子引起了网友的关注。后被转帖至天涯社区的天涯杂谈版块上，该帖的点击率在6天之内迅速攀升至58万，回帖达3000多条。① 由于网民的积极参与，该信息引起了全社会的重视。政府派出力量，对黑砖窑事件进行深入调查，并将相关人员绳之以法。

---

① 参见《上千孩子被卖黑砖窑做苦工》，《新快报》2007年6月13日。

三 人际传播中的信息变异会导致舆论方向的改变

曾经在电视节目上有编导策划过这样一个游戏：六个人并排站立，第一个人做动作表示某个意思，让第二个人模仿，然后再传递给第三个人，以此类推，然后让第六个人说出这个动作表示什么意思，往往游戏成功者非常非常少，大部分的答案都和原初的意思大相径庭。这个游戏说明了一个问题，那就是在人际传播中，信息的真实性和客观性非常有可能发生变异。而在新媒体新闻传播中，人际传播是一种重要的手段。在新媒体舆论场的形成中，人际传播也起着非常重要的作用。从专业上讲，作为新闻的信息要具有真实性、客观性，不允许有主观观念的表达。但是在人际传播中，人们往往在传播新闻信息的时候，附加了自己的情感、观点和态度，这就很容易使原本真实客观的新闻信息发生变异，从而导致网络舆论方向的改变。例如2008年在网易论坛上的一个帖子《柑蛆疫区看来只是四川广元》，这个帖子的帖主看到了传统媒体对四川广元柑蛆疫情的报道，发帖请大家注意一下。他的帖子并没有歪曲传统媒体发布的比较真实客观的信息，但是该帖出现之后造成了很大的影响，论坛纷纷转帖。但是在人际传播中，消息却悄悄地发生了变异。在该帖出现后，有这样一条短信被疯狂转发："告诉家人和同学朋友暂时别吃桔子。今年广元的桔子在剥了皮后的白须上发现小蛆状的病虫。四川埋了一批,还撒了石灰!请转发给每个你关心的人。"从别吃四川的桔子,到别吃桔子,舆论的方向发生了变化。最终导致了全国的柑橘市场出现危机。本来是四川一个地方的桔子出现了柑蛆,结果全国的柑橘都出现了滞销的情况。人际传播中的信息变异很容易造成虚假信息或谣言的产生,以至于危机事件爆发后,人际传播带来的恐慌情绪和各种谣言,使危机造成的危害更加升级。

第五章　新媒体传播与大众文化心理

第一节　新媒体传播中的大众文化心理因素

新媒体传播改变了传播的方式和方法，新媒体传播的特征是传播焦点易于转移，传播速度快、范围广，传受主体易于受到情绪的激发。除了传播技术带来的巨大改变，我们可以从人们的文化心理层面来解读这个问题。

一　感性认识的强化和依赖

综观媒介的发展历史，我们可以看到，从报纸到广播再到电视，再到新媒体，这是一个媒介使人们的感官不断延伸的过程。人只能居于一隅，要想了解广大的世界，只能充分地发展感官，媒介的一个重要使命就是满足人们对世界的了解和探索欲望。从印刷文字的阅读中了解世界，人们运用的是最普通的感知世界的方式——视觉器官，但是单单是看到文字还不足以了解这个世界，人们还需要运用大脑进行逻辑思考，然后完成对世界的认知。头脑中进行的对世界的认识,是一种主观性较强的认识,也就是说,离世界的本真还有一段距离。随着媒介的发展,人们的感官在不断地得到延伸,人们对世界的认识也开始一步一步地逼近世界的真相。在本雅明的《机械复制时代的艺术》中,他这样说道:"在漫长的历史时期,人类的感性认识方式与人类群体的整个生活方式密切相关。自然和历史环境对人类感性认识的组织方式——这一认识赖以完成的手段,具有决定性的影响……当代民众具有把事物在空间上和人性上变得更靠近些的愿望,这与他们通过接受现实的复制品来战胜每一个现实的独特性意愿同样强烈。"① 在李良荣的《新闻学概论》中,有这样一段话:"从报纸到广播再到电视,从印刷文字到声音再到声画合一,传媒朝着更迅速、更广泛、更逼真的方向发展着。更快、更广、更真,这是新闻的品格,也是传媒发展的基本要求。"② 媒介在展示世界的真面目时,帮助人们通过延伸感官来获取世界的真相。从原来的视觉器官的运用,到听觉器官的开发,再到电子时代,视觉和听觉器官的同时运用,再到新媒体时代,听觉、视觉和触觉的全方位地开发运用,人们的感官得到了前所未有的延伸。正如本雅明所说,人们想让事物在空间上更靠近,更易接触和感知,人们更偏向于

---

① 本雅明:《机械复制时代的艺术》,李伟、郭东编译,重庆出版社,2006。
② 李良荣:《新闻学概论》,复旦大学出版社,2013。

用感性的方式去接触这个世界，因为他们觉得这样获得的感受更加真实可信。喻国明在《新的传播介质和传播方式究竟在改变着什么》一文中这样说道："新媒体丰富和拓展了人们的生活体验，使人们的社会判断和社会决策更加感性化。在传统媒介的世界中，人们对于世界的体验更多是单向度的，其中，理性在其社会判断和社会决策中起着主导性的作用。而新媒体以全通道传播的方式让人们能够更加真切地感受这个世界的方方面面，其感性判断得到了极大调动和激活，越来越多地参与到社会认知和社会决策之中。"① 人们感官的无限延伸，取代了单纯的对文字和图像的凝视背后的逻辑思考和认知。人们的感性认识和理性认识好像是在一个整体中达到平衡，一方的增加要以另一方的减少为代价。人们的感官得到延伸，相应的，理性的逻辑的认知受到限制。通过感官可以快速地感知这个世界，那么深入的思考被忽略。新媒体用多种媒介手段所呈现的世界是丰富而立体的，而且是直观的，这让人们相信自己的感官所感觉到的世界是更真实的。人们越来越多地依赖感官去感知世界，这就使他们更容易受到情绪的左右，更看重个人的感受而非理性的深入的思考。自媒体的盛行，使每个人都有了麦克风，人们在微博、微信上能够随时发布信息。而由于对于个人

---

① 喻国明：《新的传播介质和传播方式究竟在改变着什么》，《中国报业》2010年第8期。

感性认识的注重，在只有140个字的微博上，人们随时随地表达个人的即时感受成为普遍的现象。这种浅显的个人感觉的表达，充满情绪化的色彩，易于感染他人，也容易被忽略。由于感官的无限延伸，理性和逻辑思考的能力却在减弱。媒介为大众提供的信息产品非常丰富而全面，人们享受着信息时代的便利，但是媒体代替了人们去思考，人们不知不觉地依赖上了感官的认识，思考的能力和深度却在不断地退化。在新媒体新闻传播中，思考的人是少数的，大多数的人都受情绪的指引表达自己的立场和观点。这就形成了新媒体新闻的传播特征，那就是传播主体易于受到情绪的激发，传播的焦点也因为情绪的高涨和低落而移位。

二 自我意识的强化

在传统媒体的传播过程中，受众处于一种被动接受的状态。传统媒体作为把关人，它传播什么，受众就知道什么，受众对这个世界的认知是被动的，是单一的。但是在新媒体传播环境中，人们的自我意识得到强化，对自我的身份认同开始加强。

首先，新媒体提供丰富的媒介产品，受众的身份变为用户，用户对媒介产品的使用不再是被动地接受，而是可以在大范围内主动进行选择。在这个主动选择的过程中，用户的自我意识凸显。他们开始意识到，我选择什么媒介产品，我怎样去认识世界，都取决于我自身的选择。用户本身的价值观在选择媒介产品的时候处于一个重要的位置，用户在随意选择媒介产品的过程中，兴趣、价值观都在无意当中被看重和加强。在媒体传播的过程中，他们开始感觉到了"我"的存在，他们发现自己有了选择的权利，并且能根据自己的喜好进行随意地选择。他们通过媒介产品了解到的是他们想了解的世界。正如喻国明所说："过去世界很大，现在世界即我，我即世界。人们的选择性认知和选择性记忆在新媒体的帮助下被放大，以我为中心的认知圈正在形成。"①

其次，新媒体提供用户自我展示的平台。在新媒体时代，人们可以很便利地在网络上拥有自己的私人空间。但是网络上的私人空间却不是封闭的，而是开放的，它成为人们展示自己的平台，而且乐于被了解，被围观和关注。在被围观和关注的过程中，他们通过别人的认可来实现自我确认，从而实现内心的满足。网络社区、论坛、微博的使用也使受众在传播链条的位置发生了极大变化。他们从受众的身份可以摇身一变为传播者，他们可以发出自己的声音，成为传播者，或者参与到传播过程当中。在新媒体事件的传播中，他们看到了自己的力量。当他们作为事件的原初传播者被关注的时

---

① 喻国明：《新的传播介质和传播方式究竟在改变着什么》，《中国报业》2010年第8期。

候，他们感到了自己在认识这个世界当中的力量。当他们作为事件的参与者推波助澜的时候，他们感觉到了自己推动历史进程的力量。无论是作为传播者还是参与者，这种能够公开展示自己的自信，是大众自我意识强化的一个重要步骤。在新媒体环境中，无论是草根还是贵族，都是处于一个平等的虚拟环境中。只要传播的新闻是值得关注的，那么大家不会去计较传播者的身份。在这里，人人都有可能被关注，只要你能展示自己。而在展示自己的过程中，传播者的自信逐步建立并加强。

再次，身份认同的力量。个体的力量是单薄的，而在新媒体空间，可以迅速实现人群的大量聚集，从而形成巨大的合力。这种合力，源自大众的自我身份认同的需求。尤其是在众所注目的热点事件中，发言表态和站队是大众自我身份认同需求的表现。人们需要表现出自己的立场和观点，并且希望能融入一个合力当中，来使自我得到更多的认同和支持。在很多的新媒体事件中，事件本身在网民热烈的讨论中慢慢失焦，事件的讨论范围升级放大，最后转变为全民反躬自省和身份认同，例如范跑跑事件。在事件发生之初，全民的焦点都在为范跑跑的自私而愤怒的情绪上，这种愤怒集中在范跑跑这个整个事件的主角身上。而随着时间的推移，人们的焦点开始移位，范跑跑事件从一个倾向鲜明的道德公审事件，发展为一个公众各取所需的狂欢派对。在这个派对中，人们的意见更加多元，从原来的被简单的正义所吸引而确立的立场不同，人们的意见开始分化，在反对范美忠的声音之外，还有一部分支持者的声音，还有一部分戏谑者的声音。立场的分化表现人们的身份认同需求：如果自己在地震中遇到类似的情况，会选择什么样的方式？公众把自己代入事件主角，在自我身份认同中加强了自我意识。

最后，个性的解放。在规则林立、等级森严的现实社会中，人们需要压抑自己的个性才能在社会中立足。如果锋芒毕露，那会被现实社会无情地打击和抛弃。而在网络社会中，真实身份的隐藏，相对平等自由的空间，使人们几乎可以无所顾忌地袒露真实的个性，比如现实中不敢表达对上司的不满，在网络中可以尽情表达。网络空间中的个性解放，使人们更加看重自我的内心感觉，并且乐于在网络空间中倾诉和宣泄。而在这种倾诉和宣泄中，人们的自我意识加强了。

第二节 新媒体环境下的大众文化心理类型

传播学的早期研究者，加拿大的尼尔斯和麦克卢汉都强调了媒介给人们和社会带来的各种变化。新的媒介会对社会形态和社会心理产生重要的影响。那么，在新媒体环境下，大众文化心理呈现什么样的状态？

一 自由和平等的心理诉求

自由与平等，是人类发展的理想状态，也是人性中的本质要求。所谓的理想状态，即是在现实中受到限制，难以达成的状态。相对于现实世界来说，新媒体构成的虚拟空间更具开放性。人们在网络空间中，享受着自由发布信息和传播信息的便利，享受着比较平等的话语权力。网络匿名制，就像假面舞会中的面具，无论现实中的你是王子还是乞丐，都能在面具的遮掩下随意表演，而无论是对于演出者还是观众，身份并不重要，其在网络世界中的地位是平等的。

二 道德诉求和对弱势群体与底层民众的人文关怀

新媒体的发展，草根大众在传播中占据了重要的地位，改变了传统媒体中社会精英占据主体霸权地位。因此，对于弱势群体和底层百姓的人文关怀，是草根民众由于感同身受而自然产生的心理状态。而对道德的诉求，是中国传统文化积淀下来的集体潜意识，也是网民们集合起来形成巨大力量的核心凝聚力。

三 娱乐和宣泄

在新媒体传播环境下，网络被形容成一个类似狂欢广场的东西，很多人开始借用巴赫金的狂欢理论，巴赫金把狂欢式的世界感受概括为随便而亲昵的接触、插科打诨、俯就、粗鄙四个范畴，在狂欢广场中，没有舞台，没有脚灯，没有演员，没有观众……这是展示自己存在的另一种自由的形式。"在狂欢节上，人们通过加冕、脱冕、化妆、戴上面具等方式，暂时地、象征性地实现自己改变地位和命运，拥有财富、权力与自由的美梦。"① 对于广大网民来说，利用网络象征性地实现财富和权力梦想，并不是他们网络活动的主要目的，娱乐和宣泄对于他们来说才更具有网络狂欢的意义。他们在网络上使用各种有趣的网络语言戏谑和娱乐，使他们放松身心，逃避现实世界的沉重感。对于新媒体新闻中的事件主体，除去一些冲破道德和法律底线的众矢之的类的事件，他们更多的是以一种戏谑的态度围观和参与，例如各种网络恶搞。对于网民来说，新媒体新闻事件中的主体的是是非非，他们并不是很关注，他们所关注的是，自己从这个事件中所获得的娱乐快感，或者在对新闻事件主体的嬉笑怒骂中宣泄自己在现实生活中压抑的某种情感。

四 对抗和身份认同

卡茨和里布斯在对媒介事件的原有内涵进行修订的时候提出，媒介事件除了挑战、征服和加冕外，还有幻想破灭、脱轨和冲突几种类型。在新媒体新闻传播中，由于网民对话语权的

---

① 叶虎：《巴赫金狂欢理论视阈下的网络传播》，《理论建设》2006年第5期。

争夺，以往媒体建构的仪式化的传播方式已经被取代，而"新公共空间的特征便是散布各式各样互相对抗的不协调的影像"。在网络空间中，对抗几乎随处可见。网络作为草根民众活动的舞台，对社会精英的话语霸权的对抗，对社会不公正的对抗，随处可见。例如网络上把专家称为"砖家"，对传统意义上的知识界的精英和权威表示出嘲弄和蔑视。而"愤青"一词更是凸显了网民们对社会的愤怒和对抗。卡斯特在《身份认同的力量》一书中指出，对抗是网络时代身份认同的主要类型。他认为，对抗类型的身份认同源自处于不同社会地位和条件的角色，与社会机构之间处于原则对立而被贬损，由此而形成的处于对抗的用反排斥来形成自我保护的排斥行为，最终加深了已有的共同身份的认同和边界。网民们通过对抗来表达对既有社会不公的怀疑和敌对态度，同时，又因为对抗而形成了对彼此身份的认同，结成了更牢固的思想上的统一战线。

五 展示和围观

在新媒体环境下，低门槛的准入限制，给大多数人以表现和展示的广阔平台。传统媒体一般会对展示者进行严谨选择和层层把关，最终能把自己展示给广大观众的只是少数人。而在新媒体环境下，多数人都可以用不同的方式来展示自己，平台也多种多样，可以通过博客发表文章或日志，可以通过微博发布见闻，可以通过论坛发起话题和讨论，可以通过视频网站发布视频，只要你的展示新奇有趣，就能吸引眼球，而旁观者越多越能引起展示者的满足和兴奋。马斯洛的需求理论把自我实现需求作为人的高级需求。在新媒体环境下，展示和被围观成为网民自我实现的一个方式。而围观的人，也会因为参与了一起吸引眼球的新闻事件而沾沾自喜。例如坐名人博客的沙发，抢到回复第一楼者，即是坐上了沙发，坐上名人博客沙发的人，由于抢夺者多，所以即使不发表任何评论，能坐上沙发就已经喜不自禁。这种以形式替代内容的做法，表示了网友参与的热情。围观的另外一种态度，是看客心态。事件的主体比较刺激和吸引眼球，但又不足以冲破道德底线，这时围观者就以一种看热闹的心态旁观事态的发展，给自己的生活增添一点作料。

第六章　新媒体新闻大众自传播

随着数字技术在信息传播领域的广泛应用，新的媒体形态也应运而生，例如网络、手机、数字化的报纸广播和电视。新媒体以新的数字技术为基础，从麦克卢汉提出媒介即讯息的观点以来，人们对技术改变了信息传播的方式和内容给予了越来越多的关注。

在以数字技术为核心的新媒体环境下，传统媒体传播新闻的点对面的传播模式发生了改变。在邱林川主编的《新媒体事件研究》中，提到学者 Castells 在其著作中提出了 mass self-communication 的概念，可以翻译为大众自传播。① 在新媒体形成的公共空间内，大众自传播已经成为相当强大的传播力量。而形成这股强大的传播力量的重要因素——大众文化心理不容忽视。朱顺慈在她的文章中说："麦奎根认为，哈贝马斯提到

---

① 邱林川、陈韬文主编《新媒体事件研究》，中国人民大学出版社，2011，第5页。

的公共领域的概念，未考虑到情感在公共空间发挥的作用。他提出了文化公共领域的说法，指出那些在大众媒体和流行文化产品中常见的情感表达，虽然看来不那么理性，却也透露了人们的思想、感情、想象和纷争。在这个文化公共领域中，这些有情感主导的观点跟理性的思考同等重要。"① 引用这段话，是为了说明，麦奎根认为人们在新媒体空间表现出的情感、思想、想象和纷争非常重要，而这些是由人们的文化心理决定的，所以，文化心理对于新媒体新闻大众自传播的影响是值得探究的领域。

第一节 大众自传播的新媒体新闻事件类型

网民们进行自传播的新媒体新闻类型，可以通过反复出现的几大类新闻事件来进行分类。虽然新媒体中的新闻事件层出不穷，但网民们最为关注、反响最强烈的事件是有类似的内容的。

娱乐事件。在网民们表现出来的娱乐和宣泄的心理需求的前提下，新媒体上的娱乐事件每每广受关注，例如明星八卦、网络红人等。明星八卦在传统媒体也是受大众关注的话题，但

---

① 朱顺慈：《YouTube 与集体行为：网络视频"巴士阿叔"个案研究》，《新媒体事件研究》，中国人民大学出版社，2011，第 21 页。

是在新媒体中，明星八卦被挖得深之又深，挖掘的深浅程度视网民的兴趣而定。网络红人，美则美极，丑则丑极。无论是美是丑，都是网民们的一面镜子。网络美人，让网民们羡慕、嫉妒、比较、梦想；网络丑女，则让网民们嘲笑、戏谑、挖苦、憎骂，网民们从她们身上找到心理平衡。

道德事件。道德是一个社会传统的约定俗成的行为规范，道德失范者，未必会被法律网罗，但是却会被社会公审。而网民们，往往充当了审判官。例如近年来时常曝光的"小三""二奶"事件，老人流离失所儿孙不尽孝道事件，家长虐待儿童事件，都是网民们谴责和公审的对象。愤怒的网民甚至动用人肉搜索，在网上曝光道德败坏者的隐私。此举也引发了网络暴力的讨论。而在道德上能为世范的人，则受到网友们的爱戴和推崇。例如张开双臂救下楼上坠落儿童的张女士，被称为"最美妈妈"；冒雨为搭载孕妇的出租车开道的警察被称为"最美警察"；冒险在车轮下救下学生的老师被称为"最美老师"等，这些道德模范在网友们心中是最美的人，说明了道德的力量在新媒体环境下依然强大。

法律与社会公正事件。崇尚自由与平等的大众文化心理诉求，使法律与社会公正的新闻事件备受网友关注。例如，官二代富二代相关事件，"我爸是李刚"一度成了网络流行语，嘲弄、惊叹和质疑社会的不公正；还有官员腐败事件，教授论文抄袭事件等，网友们的愤怒已经不仅仅停留在网络围观和曝光，而是运用网络大军的力量跟踪事件发展，曝光不良信息，敦促法律的公正裁决。

民族主义事件。民族主义事件一向是网民运动的强心针和催化剂。由于长期以来的传统文化影响，民族和历史的观念深入人心，因此，有历史渊源而形成的国际冲突和外交事务，最为吸引热血青年的关注。如近来的钓鱼岛保钓事件，中日韩、中美外交事件，都是网友关注的焦点。

第二节 新媒体新闻大众自传播特性分析

一 新媒体新闻大众自传播焦点易移位

新媒体作为传播信息的载体，其便利易用性众所周知，正因如此，其价值含量却越来越低，它提供给人们海量的信息，并不需要人们的思考，只需要大家普遍地知道。人们也习惯了这样的传播方式，知道而不用思考，加上信息的更新又如此迅速，使人们对于信息关注的时间和耐力都大大削弱和减少。因此，在面对新媒体新闻事件时，人们会迅速地集聚传播，但是又很容易消散和忘记。在这样的大众文化心理影响下，新媒体新闻的传播呈现出聚焦和失焦的不确定性强的特点。

例如2014年4月15日发生的幼童香港便溺事件，此事件的视频于4月21日在网上被疯狂转发，随即引起轩然大波。该事件在网络传播中的焦点不断地聚集和移位，显示出强烈的不确定性。

4月21日在网上转发的视频显示，一对貌似来自内地的夫妻带着一个幼童在香港街头小便，遭到一些香港人的围堵和拍照。一人指责幼童父母，孩子被吓得哇哇大哭，孩子母亲情绪激动地不断跟路人解释，并不住地安抚孩子。后来孩子母亲还和阻止其离开的路人产生激烈争执。此事件在网上曝光后，引起两地网友的大战。香港和内地网友的口水战围绕内地人的文明问题展开。香港网友纷纷发帖斥责内地人在香港的不文明现象比比皆是，内地网友认为不文明现象只是个例，指责香港人对一个孩童都没有宽容之心。此事件在网络上迅速聚焦，但是其焦点也很快被转移和分散。邱林川说："新媒体事件的一个特征就是事件发展的不确定性增强。"[1] 当两地网友在简单地以地域和好恶站队之后，情绪都在迅速发酵，这种贴标签式的互批并无新意，网友聚焦在儿童便溺事件上的骂战一如既往地升级为两地的立场碰撞和情绪发泄。这种并无新意地骂战热潮没有持续很久，因为网友激愤的情绪找到了另一个新的出口。

闾丘露薇的微博成了内地网友注目的焦点，网友迅速以累

---

[1] 邱林川、陈韬文主编《新媒体事件研究》，中国人民大学出版社，2011，第9页。

计几万条评论的方式在此新战场上聚集。据记者 22 日报道，"4 月 21 日，微博认证为著名记者、主持人的凤凰卫视闾丘露薇的微博转载一条新闻《孩子在香港街头小便 大陆夫妻与港人发生激烈冲突》并配发评论。随即，闾丘露薇的微博招致一片谩骂声。网友纷纷要求闾丘露薇向大陆夫妻一家道歉。"[1] 闾丘露薇转发微博时指出："这条视频只是事件后半部分。孩子当街便溺，有路人拍照，遭孩子父亲抢走相机和记忆卡，孩子母亲打了路人一耳光。片中白衣青年看不过眼报警，并且阻止夫妻离开，双方争执，青年遭人用婴儿车推撞。警察到场调查后，父亲无条件释放，母亲涉嫌袭击被捕，准保释，五月中需到警局报到。"这篇微博随即招来网友的一片骂声。网友认为闾丘露薇的微博断章取义，隐瞒了几个主要事实：隐瞒了父母主动带小孩去厕所排队很久直到小孩终于憋不住的事实；隐瞒了小孩尿尿时母亲专门用纸尿布接住；隐瞒了母亲把纸尿布装入行李袋提着；隐瞒了港人拉扯斥喝且拍了小女孩私处后父母才夺记忆卡。并且要求闾丘露薇向幼童父母道歉。闾丘露薇成为网友的明确目标，网友的焦点也从幼童当街便溺的争论转移到对闾丘露薇个人素养的拷问上。

在网友情绪激发，简单地站队以及情绪宣泄之后，理性的思考和意见开始占据媒体重要位置。对幼童便溺事件的理性分

---

[1] 《北京青年报》4 月 22 日消息。

析，使多元的观点得以呈现。例如，开始从对内地人文明的指斥，对闾丘露薇个人素养的拷问，转移到事件本身的分析以及后续的防患于未然的建议上。论点共分化为几个方面的问题：①对事实要进行客观分析，不能简单贴标签。例如内地夫妻让孩子当街便溺，要区分其为情急之下还是随意为之。幼童尿急，而陌生的香港街头厕所难找，是不是应该对幼童的特殊情况予以理解和宽容。②香港的公共卫生设施是否足够到位并且能给外来人以明确指引。③幼童的隐私是否应该得到保护，拍照行为是否涉及侵犯儿童隐私权。父母保护幼童被指责应不应该。

这个事件引起的轩然大波最后在主流媒体介入之后渐渐平息，一个月后，网络上对此事件就已经集体遗忘。人们的健忘症何止这一件，大的如汶川大地震，范跑跑事件，火车脱轨事件，都在喧闹一阵之后归于沉寂，然后就鲜有人提及。在大众知道而不思考，宣泄即时感受的文化心理影响下，新媒体新闻传播的焦点很容易聚集也很容易消散。

二 情绪和情感的激发程度是大众自传播强度的重要因素

在新媒体新闻事件发生之后，注重个人主义，不参与互动和交流的是围观的看客，这在网民中占据很大的比例。而推动新媒体新闻事件传播的，则是有着相似的情感和经验而大量集结的群众，他们相互感知，相互呼应，相互认同，共同推动了新闻事件在民众中的传播。我们要注意的是，这部分群众是因为有着相似的情感和经验而集结，情感在他们传播新媒体新闻事件的过程中起着很大的作用。

新社会运动的理论家莫鲁奇认为，关于认同的研究过分偏重认知的内容（如观念和思想），忽略了认同的情感内容。人们感觉到同属一个集体，这是情感投入。因为有情感的投入，所以集体认同就不是简单的患得患失的利益关系。激情、爱、信仰、忠诚等情感，在集体认同中均占有重要地位。往往是这些情感因素，鼓舞人们做出勇敢的抗争行为。杨国斌提出情感实现的分析框架，认为情感的实现同时也是认同的实现。①

从新媒体新闻事件的大众自传播中，我们可以感受到，激发网民迅速聚集围观转发评论的新闻事件，都在不同程度上激发了网民的情感，包括同情、悲悯、愤怒、热爱或者嬉笑。网民的感情被激发得越强烈，新媒体新闻事件的传播就越迅速，越强势。

例如一些民族主义事件，最能激发民众的民族情绪，自然相关新闻的传播也更加强势。近来中日钓鱼岛事件又成为民众注目的焦点。中日关系因为历史的原因，是民众中的一个敏感

---

① 转引自杨国斌《悲情与戏谑》，邱林川、陈韬文主编《新媒体事件研究》，中国人民大学出版社，2011，第49页。

问题，一旦有导火索，就会引起民众的历史和民族情感。有网民甚至制作了"保护钓鱼岛""钓鱼岛是我们的领土"的标语。

再比如一些娱乐事件，一些网络红人之所以走红，就是因为他们的出现引起了网民们的戏谑情感。比如芙蓉姐姐、凤姐，她们本来资质平平，但是却因为各种自恋的行为引起网民们的哄笑和戏谑而走红网络。

杨国斌说："社会运动学者认为，对于社会运动中情感因素的研究，有必要区分各种不同情感的不同作用。对国家机器的恐惧使人不敢参与抗争，而在民众中产生的愤怒、忠诚、爱、同情、信任、喜悦等情感因素，却能促使人们参与集体行动。本研究发现，在目前中国的网络事件中，最能够激发网民参与抗争的情感是愤怒、同情和戏谑。"[1]

情感和情绪的激发促进了新媒体新闻在大众中的自传播，但是从另一个方面来说，太过依赖民众情绪和情感激发进行传播的新媒体新闻，也很容易因为民众情绪和情感从高潮落入低潮而消解和散失，从而被遗忘。

三 大众自传播控制力弱

新媒体兴盛以来，众多的新媒体事件，从最初的风起云

---

[1] 杨国斌：《悲情与戏谑》，邱林川、陈韬文主编《新媒体事件研究》，中国人民大学出版社，2011，第49页。

涌，到后来的偃旗息鼓，其经历的时间长度都很有限。作为网民活动空间的新媒体，其在公共领域的作用：长于促进参与和辩论，弱于引导，对传播方向和内容的控制力很容易丧失，且商业利益至上，以吸引眼球为目的，从这一点来说，网民在新媒体空间策划时日持久的集体行为是较难实现的。新媒体新闻事件的起起落落固然和新媒体构成的公共领域空间的特殊性有关，也脱离不了大众文化心理的基础。

2007年卡茨和里布斯指出，媒体事件的三大类型是挑战、征服和加冕。2008年，戴扬对此进行了修正，指出今天的媒体事件已经和以前的媒体事件有很大的不同，今天的媒体事件除了卡茨提出的冲突类型外，戴扬又补充了幻想破灭和脱轨两种类型。邱林川认为，"冲突、幻想破灭和脱轨，放到华人社会语境中，其实就是对底层民众的传播赋权。"[①] 的确如此，网民们在新媒体事件中，在新媒体新闻传播中的力量之大不容小觑，但是在大部分新媒体新闻事件中，网民们的力量，这种底层的传播并没有起到决定事件发展方向的作用，而主流媒体却能抓住时机，轻而易举地扭转事件发展的方向，弱化和转移了矛盾，一锤定音，结束论战，控制事件的发展。

新媒体新闻大众自传播虽然能够对社会舆论走向造成影

---

① 邱林川、陈韬文主编《新媒体事件研究》，中国人民大学出版社，2011，第8页。

响,但难以左右舆论,只是舆情的追随者和煽动者。吴晓明撰写了公民新闻与社会舆论的相关文章,在文章中,他肯定了新媒体新闻会形成网络舆论场,对社会舆论走向有影响,但是又对公民新闻对社会舆论的影响力度持保守态度。例如他在《网络"公民"新闻的社会舆情解读》一文中说:"在当代中国社会,公民新闻往往只是扮演舆情追随者和煽动者的角色,即使汶川大地震期间的公共新闻报道,被视为是私媒体参与公共事务典范,也远未达到左右舆论、制造舆情的地步。公民新闻报道者由于缺乏新闻专业素养,在接收、传播、参与新闻信息的同时,也在冲击和解构着经典新闻原则——事实原则和价值原则,传播中出现了集合行为、网络暴力行为、议程设置弱化行为。当代中国的公民新闻报道中,更多的是对舆情的追随。对一些公共关注的新闻,尤其是群体性事件的新闻,更多的是以新闻评论的形态,设置议程煽风点火制造热点。这类公共关注的事件中,有些偶或性地取得了突破性效果,更多的则未必。"[①]

由此看出,网民参与新媒体事件的传播,更多自发性,情绪性,但是缺乏理性和控制力。这给主流媒体留下了施展传播策略的空间。主流媒体能更专业地、更理性地实践传播理论,

---

① 吴晓明:《网络"公民"新闻的社会舆情解读》,《河北学刊》2011年第3期。

如议程设置理论,从而引导舆论,控制媒体事件的发展。在雷启立的《新媒体的传播偏向与大众文化》一文中,有这样一段话:"今天的整个社会缺乏面对思想问题的争论和讨论,知识群体普遍的学院化和专业化,缺乏对新式问题的介入,接受和传递信息依赖于成像和解读都迅速的印象式图画。在不思考和快闪文化中长大的青年一代,其所集聚、形成情感和思想的情形,恰如现代传媒一样,聚焦迅速、强烈。正由于这样,情感和思想消解、消失得也很快。"① 在这样的文化心理背景下,自传播缺乏理性思考和策划,传播的强度会因为情感的激发而增大,但是其持久性和控制力却不能高估。

---

① 雷启立:《新媒体的传播偏向与大众文化》,《传播前沿》2009 年第 6 期,第 37 页。

第七章　新媒体传播环境下的媒介素养

第一节　网民应有的媒介素养

在新媒体的媒介生态环境中，网民的主体地位越来越突出，其参与传播的热情也前所未有的高涨，公民新闻开始出现，甚至有人乐观地估计网络为公民社会的形成创造了优良的条件。但是在新媒体新闻传播中，我们可以看到有很多令人担忧的问题出现，比如虚假信息的泛滥、群体的极化现象、网络暴力。对于这些问题，专家学者都在寻求解决之道，在他们提出的种种观点和方法之中，往往会有这么一条：应大力提高新媒体用户的媒介素养。

媒介素养近几年频繁地出现在人们的视野中，引起了众多学者专家的研究和探讨。1992 年，美国媒体素养研究中心对媒介素养作了如下定义："媒介素养是指人们面对媒介各种信息时的选择能力、理解能力、质疑能力、评估能力、创造和生产能力以及思辨的反应能力。"①这一定义比较有代表性。后来的关于媒介素养概念的阐述基本都是在这个定义的基础上补充发展而来。2005年，由美国新媒介联合会发布的《全球性趋势：21世纪素养峰会报告》中对新媒介素养给出了如下定义："由听觉、视觉以及数字素养相互重叠共同构成的一整套能力与技巧，包括对视觉听觉力量的理解能力，对这种力量的识别和使用能力，对数字媒介的控制与转换能力，对数字内容的普遍性传播能力，以及轻易对数字内容进行再加工的能力。"此定义强调了人们对数字媒介的使用和控制能力。张开在《媒介素养概论》中提出："媒介素养是指人们获取、分析、评价和传播各种媒介信息的能力，以及使用各种媒介信息服务于个人工作和生活所需的知识、技巧和能力。"② 重庆文理学院的米丽娟在其《媒介素养科学内涵研究评述》中以文献综述的形式对国内外针对媒介素养科学内涵的研究进行分类、比较，综合概括出："媒介素养是指公民识媒、触媒、用媒和制媒的能力。"③ 不过我们可以看出，美国媒体素养研究中心所下的定义当中，提到了人们的媒介信息的创造

---

① 参见彭兰《网络社会的网民素养》，《国际新闻界》2008年第12期。
② 张开：《媒介素养概论》，中国传媒大学出版社，2006。
③ 米丽娟：《媒介素养科学内涵研究评述》，《重庆文理学院学报》2010年第3期。

生产能力，但是没有提到传播能力，也没有提到信息的应用能力。张开关于媒介素养的阐述中提到了人们应该具有传播信息的能力，还应该有利用信息服务现实生活的能力。米丽娟所做的媒介素养研究综述还提到了公民制作媒体的能力。从这些阐述中，我们对媒介素养的概念逐渐清晰和完整起来，那就是媒介素养是指人们获取、分析、选择、评价媒介信息的能力，以及创造生产和传播媒介信息的能力，以及使媒介信息为我所用的能力。那么，网民应该如何提高媒介素养，拥有这些能力呢？

其一要对新闻专业知识有一定的了解。以往受众在传播链条里还处在一个被动接收的地位，受众不需要去生产新闻，甚至传播新闻都很少参与。但是在新媒体环境下，受众与传播者的界限已经相当模糊，传播者的中心地位去除，传统的受众可以同时具备受众和传播者两种身份，或者随时转化，那么在这种情况下，网民就应该具备一定的新闻责任意识，有一定的新闻专业知识。第一，要了解新闻是什么。既然你可以随时随地地成为一个新闻内容的生产者，那么你首先要了解什么是新闻。第二，要了解新闻的基本属性：真实性、时间性、客观性和倾向性。如果不了解新闻的基本属性，就可能随意地发虚假信息，或者发过期信息，或者发充满了主观情绪的信息。第三，要了解新闻的价值所在。到底什么样的新闻是值得发布的新闻信息呢？如果不了解这一点，就会制造垃圾信息，给网络公共领域造成信息污染。作为一个在新闻传播链条中越来越重要的草根新闻传播者，这三部分新闻专业知识是必须要了解的。但是在目前，无论是媒体还是公众，都很少有这方面的意识。媒体和公众每天都无限量地发布新闻，传播新闻，可是却很少有人讲一讲新闻是什么。关于新闻的概念、性质和特征，新闻价值的内涵，好像只应该存在于大学的讲堂上，只有媒体专门从业者才需要了解。但是在新媒体新闻传播的环境下，作为新闻传播一分子的草根网民，都有责任来学习和了解最基本的新闻专业知识。如果网民不能自觉去学习，或者受条件所限，无法去学习，那么传统媒体和新媒体都可以设置专门的版块去普及新闻基本知识。比如每天在版块中发布一些新闻小知识，设计新闻知识题库，让网民在线答题，或者举办网民新闻知识大奖赛等活动。了解新闻基础知识，是网民提高媒介素养的重要一环。

其二要善于运用信息过滤机制。在传统媒体占统治地位的时代，传统媒体严格履行把关人的职责，把过滤好的新闻信息推送给受众。受众只需要接收就可以了。但是在新媒体新闻传播环境下，互联网的海量信息每天充斥网路，泥沙俱下，把关人缺失。作为普通网民，该如何面对如此巨大的信息轰炸，并从中找到有用信息呢？那么就要善于运用信息过滤机制。信息过滤机制之一：浏览新闻门户网站的分类信息。相对来讲，在新媒体环境下，新闻门户网站把关人的作用还是有所体现。网络新闻编辑作为把关人,把比较有价值的新闻信息进行搜集分类上传。所以,网民可以通过浏览门户网站的新闻来对信息进行过滤。过滤机制之二:利用搜索引擎。网络中的信息良莠不齐,浩如烟海,网民自己去评估和选择信息是非常困难的,那么运用搜索引擎,就使人们从海量信息中挑选出对自己有用的信息变为可能。搜索引擎抓取网络中的网页和内容,建立数据库,并能回应用户的搜索请求,将搜索结果呈现出来。搜索引擎把海量信息进行拣择,按一定的标准前后排序,使人们可以比较容易地挑选和获取信息。搜索结果的排序,一般而言,是以搜索关键字的相关度为依据的。但是如果搜索产业公司把商业利益置于客观公正的原则之上,就会出现竞价排名的网站排序在前的结果。这也是网民们在利用搜索引擎时需要警惕和注意的。

其三,要了解互联网会记录个人生产的所有信息内容从而合成个人数据,所以对自己在互联网上的行为要有所约束。网络像一个虚拟的世界,网民都用虚拟的 ID 出现在网络空间,就像一场假面舞会,网民们可以恣意狂欢。比如可以为自己的发言不负责任,可以不用担心网络上的表现影响现实中的身份地位,所以就无所顾忌,在网络上肆意妄为。实际上,网民参与网络传播时所有的浏览记录、搜索历史、发布信息,都会被网络记录下来。如果将这些信息进行搜集整理,就可以合成个人的数据,从而很容易暴露网民的个人信息。而这些暴露出的个人信息，也很容易被别有用心的人利用。所以，网民们要对自己在网络上的印记有所注意，对自己要有所约束，尽可能地避免伤害别人，同时也保护自己的个人隐私。搜索引擎就像一柄双刃剑，它可以给我们提供我们想要的信息，但是同时，它也可以把我们的个人信息暴露在别人面前。所以，在网络上有所警惕，有所约束，不要掉进网络虚拟性的陷阱，是网民们应具有的媒介素养。

其四，对媒介要有清晰认知。随着媒体技术的发展，新的媒介层出不穷，博客、论坛、微博、即时通讯软件等，让人眼花缭乱。各种新的媒介满足了人们各类需求，提供了人们使用媒介个性化的便利。但是如果没有对媒介的清晰认知，也会被新媒介的双刃剑所伤。例如博客具有开放性，所以要注意保护个人隐私，不要使其大白于天下。一个极端的例子是江苏溧阳一局长微博开房事件。此人由于对微博的特性不了解，以为微博是像 QQ 一样的聊天软件，在微博上与朋友联系开房事宜，被网友大肆围观，并且进行人肉搜索，最终使此局长丑闻曝光。再比如近两年盛行的微信，微信可以进行即时通信，且能进行多媒体分享，非常便利，所以风行网络。微信还有一个功能是可以查找附近的人，于是被戏称为约炮利器。作为网民，要认识新媒介，利用新媒介为自己服务，同时也要清醒认识新媒介可能带来的危害。趋利避害，源于对媒介的清晰认知。

其五，要有怀疑精神。对网络上的信息要有怀疑精神，不要轻信和盲从。例如2011年的抢盐风波。人民网重庆视窗《2011年年终盘点》总结了2011十大网络事件，其中对抢盐事件这样描述："2011年3月11日，小岛日本发生里氏8.9级大地震，地震威力巨大，导致福岛核电站发生泄露，于是，海那头的人民忧郁了。据说谣言起于宁波，3月17日起，中国沿海城市浙江、江苏、山东发生大规模的购盐潮，盐价一路飙升至20元每袋。盐架扫空，各大超市相继挂出免战牌，大家又将视线转至酱油……后来食盐污染说法被官方否定，盐恢复供应，价格也回归正常，各地又来了一出退盐记，引发网友争议。"之所以会出现这样匪夷所思的抢盐事件，就是源于网民们的轻信和盲从，缺乏怀疑精神和理性意识。中国的盐储量丰富，并不是以海盐为唯一的制盐原料。大部分的受众并不是没有常识，而是太过轻信与盲从，唯恐被潮流落下。云信网《市民抢盐风波》一文中这样写道："'幸亏我当时没心动。'家住梁源小区，56岁的张阿姨，从电视上得知抢盐潮后，原本也心动，但随后转念一想，家里三四个月才能吃完一包盐，'买来又不能当饭吃'，随即打消'跟风'念头。如今回头一想，张阿姨很为自己当时的'理智'得意。"此文中的张阿姨本来想跟风，但是后来怀疑精神和理性意识占了上风，让她没有盲从抢盐行动。如果网民在遇到此类事件时，能够多一些怀疑精神，就可以少一些盲从，也会减少不良群体事件的发生。

其六，在网络上的人际沟通交流能力要提升。人际传播称为新媒体新闻传播的一种重要方式，所以，要提升媒介素养，必须要有良好的人际沟通交流的能力，在网络上拓展人际交往的广度和深度，更好地利用人脉资源，对网民在新媒体新闻传播环境下进行信息的生产和传播，能够提供更为广阔的自由发挥的空间。网络传播过程伴随着人际关系的建立和巩固，成为新媒体传播环境下的新景象。尤其是SNS社交网站的风行，例如开心网、人人网，人际关系在网络传播中显得非常重要。如果你在网络中有良好的人际关系，就可以融入不同的群体、圈子，从中获得各种信息。如果你的网络好友较少，那么你从他们的发布和转帖中所获得的信息就少，反之，你就能获得源源不断的各种信息。

其七，信息的制作生产能力。学会使用媒介，在多媒体传播的信息环境下，懂得如何制作音视频，如何把文字和图片整合在一起，并且上传至网络，是网民在新媒体环境下应具备的信息制作能力。例如2009年的央视大火事件，这一事件最先不是由传统媒体发布的，而是由作为现场目击者的网民第一时间通过手机在网络上发布了消息，还有人用相机、DV等工具拍摄视频上传至网络。搜索百度百科央视大火案，可以看到如下结果："2009年2月9日晚21时许，在建的央视新台址园区文化中心发生特大火灾事故，大火持续六小时，火灾由烟花引起。""目击者称,中央电视台新址北配楼火势猛烈时焰高近百米,浓烟滚滚,一度将正月十五的圆月完全遮蔽。从发生火灾的大楼上掉落下来的灰烬像雪片一样落在1公里范围内。上千名群众在附近围观,并纷纷拿出手机拍照。"从这一事件我们可以看出,网民有了新闻报道的意识,在围观中纷纷拿出手机拍照,不是因为大火的壮观,而是为了在网络上发布这一惊人的消息。而且,在时间性上,非常地迅速,可以说是第一时间将央视大火的消息用手机上传至网络,此外还有网友上传了视频和图片。由此也可以看出网民运用数字媒体的能力在提高。

第二节 网络编辑的媒介素养

新媒体发展之初,网络新闻还处在传统媒体新闻数字化的模式之中,而网络编辑的工作基本就是拷贝加粘贴,技术派的痕迹明显,对内容上的把握则非常欠缺。

近年来,随着互联网的飞速发展,网络传播的新的特征日益显现,作为新媒体新闻传播的专业从业者,网络编辑也已经从机器走向人工,编辑思想越来越丰富,编辑手段也在向传统媒体的精细化靠拢,网络编辑越来越专业化。因此,其媒介素养的内涵也在不断发展之中。

网络编辑需要成为内容加技术加管理的复合型人才。当前社会，信息的集合和传播都是以多样化和极为快速的方式生成，并且已经进入一个媒体融合的时代，也就是全媒体时代。在这样一个时代，人们对信息的需求非常旺盛，自然，也就催生了媒体对信息更强的集合和传播能力。在这样的时代背景下，社会对新闻人才的需求也是非常旺盛的。之所以需求旺盛，是因为新媒体所需要的复合型人才比较欠缺。所谓的复合型人才，大致说来，可以从以下几个方面来看。

一　新媒体需要多学科背景的复合型的高层次的新闻人才

对于一个新闻从业者来说，首先必须有过硬的新闻专业基础知识，但是在新媒体传播环境下，单有专业的新闻知识是远远不够的。他们既要有政治修养，又要有理论修养，还要有广博的知识。这样的新闻人才，才能迅速把握社会的脉搏，高质量地传播信息。尤其是在现在信息发布争分夺秒的时期，采编发往往可以集于一身，更需要新闻人才是复合型和高层次的。

二　新媒体需要有较强的信息处理能力和学习能力的高层次的新闻人才

21世纪，信息技术的发展日新月异，需要新闻人才能够利用这些先进技术手段，更好、更快地处理信息。正因为信息技术和信息发布平台的不断发展变化，需要新闻人才具有较强的学习能力，能够快速消化和吸收先进的知识，并将之运用于信息传播中。

三 新媒体需要对新闻业发展方向和趋势有把握的高层次新闻人才

从传统的纸媒传播新闻信息，到网络新闻的大肆发展，再到当今的手机报等新媒体传播新闻，新闻业的发展非常迅猛。只有对新闻业的发展方向和趋势敏感，并且能够把握时机的新闻人才才能在传媒中站稳脚跟。

四 新媒体需要有较强的沟通能力、团队合作能力和协调能力的高层次新闻人才

新闻从业者要涉足社会生活的方方面面，上至政府高层，下至平民百姓，新闻从业者都要能与之顺畅沟通，获得新闻线索。在新闻的整合和发布过程中，单靠个人很难保证其质量和时效，需要团队合作，集合众人之力。所以新闻从业者需要有较好的团队合作能力。

网络编辑要有对网络受众的研究分析能力：了解网络受众的感知程度和喜好。在传统媒体占据传播者中心地位的时代，编辑作为把关人，衡量新闻价值的标准是从传播者的精英视角出发，而很少考虑受众的接受情况。传统媒体把编辑

好的新闻推送出去，受众处在一种被议程设置，被灌输的被动接受状态。而在新媒体传播环境下，受众的地位越来越突出，传播呈现一种去中心化的趋势，权威被解构，人人都可以成为中心，传播者和接受者的界限日益模糊，受众个性化的信息需求凸显，受众在庞杂的信息洪流中，可以主动地选择和接受信息。在这样的情况下，原有的新闻价值理念也已经过时，网络编辑必须要从受众的角度出发，考虑新闻稿件的选择和编排。这就要求网络编辑具有对网络受众的研究和分析能力，要了解网络受众的喜好和感知程度。传统媒体由于处于传播的中心地位，对受众的心理需求比较忽视，而是习惯性地采取沿用已久的表达方式，做政府的传声筒。这样的内容和表达方式易流于空洞和僵化，与现实有一定距离，在新媒体强有力的竞争态势下，传统媒体就显示出了疲软的态势。那么新媒体的优势就体现在紧密联系现实，反映民众心声。所以网络编辑衡量新闻的价值标准，要从传者中心转移到受众中心。新浪读书频道2010年8月9日曾发布过这样一篇文章《网络新闻主流受众需求分析》，在这篇文章中提道："网络新闻受众上网看新闻的第一兴趣是对生存信息的检索，可以说对生存信息的心理需求源于生理需要，生理需要是人类持续生存繁衍的基本需求。位于网络新闻受众接触新闻类型第二位的是安全信息。"在网络新闻事件中，我们可以看到，生存和安全，这些关系到老百姓切身利益的新闻是最受关注的。而在传统意义上的新闻价值标准中，所谓的重要性，比如国家领导人有什么举动，开的什么会议，在新媒体新闻中，对受众的影响并不是特别重要，因为这离普通老百姓的生活太遥远了。反而是传统新闻价值标准中最底层的接近性新闻，在网络新闻中则成了对老百姓最重要的新闻。例如2011年发生的抢盐事件，2009年的牛奶安全事件，2013年的四川柑蛆事件，这些关系到老百姓基本生活的事件，网民格外关注，关注程度远远超出其他新闻资讯。所以，网络新闻要想吸引受众的眼球，网络编辑就必须研究网络受众的喜好和感知程度，把老百姓喜闻乐见的新闻及时准确地提供给他们。

网络编辑要奉行新闻专业主义，更加专业化和职业化。新媒体传播环境下，几乎任何人都可以随时随地地发声，发布新闻信息，传播新闻信息，这样就产生了公民新闻的概念。公民新闻的主要特征是报道主体的非专业化和报道内容的非政治化。于是，有学者认为："新媒介技术推动了新型传播交往关系的形成，并在很大程度上解构了传统意义上的新闻专业主义：以公民新闻网站、新闻网志、微博等为代表的非专业型新闻生产撼动了科层式的新闻传媒机构，使专业传媒机构的专属权力扩散化、弱化；新媒体技术造就了新型的传播交往关系，消弭了传受者之间的绝对界限，使新闻从业人员的身份危机成为重要问题；新闻制作权的泛化和信息扩容则带来新闻的泛化以及新闻理性和新闻责任的旁落。"① 公民新闻对专业的网络新闻编辑有所竞争，有所挑战，但是也不宜过高估计。在目前的新闻传播态势下，虽然形成了职业新闻机构与非职业化组织和个人并存的传媒生态，但是我们要看到，公民新闻的传播如果没有主流新闻网站或传统媒体的介入，其传播力和影响力就会比较有限。因为公民新闻往往是新闻事实的浅显表述，新闻事实的表述也往往呈现不完整的模糊状态，且掺杂较多的个人情感和情绪，甚至会混杂虚假信息，所以，受众在接收公民新闻时，往往对专业的新闻传播机构抱有期待，希望专业的新闻机构对此新闻予以核实和验证，并进行相关报道。由此看来，公民新闻虽然日渐崛起，但其对新闻专业机构和从业者并不构成太大威胁，反而是新闻专业网站和从业人员更加专业化、职业化的推动力。南京大学胡翼青指出："无论是在技术层面还是在新闻专业主义理念层面，自媒体与公民新闻都不会对传统媒体和新闻专业主义构成威胁，而且自媒体的出现将意味着新闻更加专业，定位更加明确，信息传播更加繁荣。"②

  网络编辑要有信息的辨识和整合能力。所谓信息的辨识，

---

① 刘丹凌：《新媒体语境下新闻专业主义的解构与重构》，《中州学刊》2012年第1期。
② 张志安：《互联网时代："传播行动者"的重构——第五届中国青年传播学者研讨会综述》，《现代传播》2013年第1期。

分两个方面：一是从传统媒体中选择有价值的新闻；二是从海量的碎片化的公民新闻中选择有价值的新闻，并且对其进行核实验证，去伪存真。在编辑公民新闻的时候，要注意其表述新闻事实立场的客观性，要注意区分公民新闻中的新闻事实和发布者的感性认知与情感表达。所谓整合，体现在三个方面：一是对传统媒体中相关新闻的整合。比如把不同媒体关于同一新闻事件不同角度的表述整合在同一新闻标题之下，或者把传统媒体关于同一新闻的不同体裁的报道整合在同一版块之中。二是多媒体整合，把关于同一新闻事件的不同的媒体表现手段整合在一起，例如，文字、图片、音视频的整合。三是整合公民新闻中的碎片化信息。公民新闻中的碎片化信息往往是不完整的，虽然有时效性，但是往往没有深度。网络编辑通过整合碎片化信息，梳理新闻事件的来龙去脉，挖掘碎片化信息之间的联系，可以让公民新闻更加易于接受和传播。

网络编辑要有对自媒体的挖掘和链接能力。博客、微博等自媒体的出现，满足了人们对个性化的媒体传播的需求。但是自媒体本身的影响是有限的，网络编辑可以成为扩大自媒体影响的推进剂，提供自媒体与社会联系的平台。比如新浪新闻中，就专门辟出博客一栏，制作标题，链接相关博客。博客作为自媒体，是网民自我发表的阵地，网络编辑发掘其中的精粹，并链接到门户网站的新闻平台上，成为自媒体连接社会的纽带，既可以吸引门户网站的受众，也可以扩大自媒体的影响。这就需要网络编辑每天关注大量的有影响力的博主的博客，聚集高水平的意见领袖，并从中选择能够吸引大众的文章，在新闻网站的平台上为他们提供表达空间。网络编辑还要关注访问量激增的草根博客，判断草根博客突然引发如此多关注的原因以及其是否具有新闻价值，从而选择性地链接相关博客文章。新浪网对博客的重视可见一斑。在博客一栏中，细致地区分出以下几类：草根、图片、校园、媒体，方便网络用户的浏览和检索。由此可见，门户网站已经充分认识到自媒体的力量不容忽视，同时也在发挥专业媒体的链接和整合作用。因此，网络编辑应该具有对自媒体的挖掘和链接的能力。

　　网络编辑要有新媒体新闻的传播能力。网络编辑在选择整合相关媒介产品后，要掌握传播技巧，具备媒介产品的传播能力。要注意编辑内容的多元与丰富性，以及编辑设计的双向交互性。在新闻网页上，最直观的就是新闻标题。由于网页超文本超链接的编辑组织方式，新闻首先是以标题的形式呈现在新闻网页的首页上，受众根据新闻标题是否能吸引自己来决定是否点击链接进行全文阅读，所以标题的制作对于网络编辑来说要求很高。网络新闻标题要简洁明了，新颖生动，并且要单行实题。新颖生动是就吸引受众眼球而言，简洁明了、单行实题是就能够让受众迅速了解新闻的主要内容而言。但还要注意的是，不能单纯为吸引眼球而制作标题，要注意，新闻标题必须能够反映新闻的主要内容，题文紧密配合，不能出现文不对题，或者题目偏离文章中心内容的情况。特别是一些娱乐新闻的标题，为了吸引受众，往往显得花里胡哨，但实际内容却让人觉得标题有哗众取宠之嫌。这样的新闻受众看一次两次尚可以接受，成为常态就会引起受众的厌烦心理，就好像总是在喊狼来了可实际上狼并没有来一样。除了标题的制作，网络编辑还要善于利用多种编辑手段来体现编辑思想。例如重要新闻的标题要做强势处理，例如字体的变化，套红或变蓝，添加图片或音视频资料，版面排序靠前等手段，来体现此新闻的重要性。另外，对于热点难点问题应有深度报道。对于长消息，可以用增加小标题和关键词的方式体现易读性，或采用分层报道方式，既提供简讯，也提供详细报道。这些手段对提高新闻的传播强度，提升新闻网站的影响力是非常必要的。

第三节 关于新媒体新闻传播人才培养

中国传媒大学副校长胡正荣在复旦大学新闻学院成立80周年庆典上演讲指出，当前新闻传播教育面临的首要困局是800家新闻传播院系呈现千校一面，千院一面，千系一面的现状。培养出来的学生基本上都是一个模子刻出来的。面对这样一种局面，培养新媒体新闻传播人才，应该找准方向，构建专业特色，探索出一条适合自身长远发展的新途径。

首先，新闻学科的发展应该以学术研究为基础，推动学科发展。

我们的目标是培养德智体全面发展，具有坚定正确的政治方向、坚实的科学理论基础、系统的专业知识、熟练的业务能力且能从事传播实务的高层次专门人才。目标很明确，但是在实现时需要细化，突出特点和优势。教师因此要细化研究方向，进而形成鲜明的专业特点和学科目标。要尽力打造与传统新闻教学与研究不同的特色，比如注重新媒体时代或者媒体融合时代新闻报道与策划的风格和特点的研究，注重数字媒体中新闻整合与发布的方式方法与特点的研究，注重新媒体管理方法的研究等。

其次，培养符合市场需求的数字媒体新闻人才。

当今社会，信息的集合和传播都是以多样化和极为快速的方式生成，并且，已经进入一个媒体融合的时代，也就是全媒体时代。在这样一个时代，人们对信息的需求非常旺盛，自然也就催生了媒体对信息更强的集合和传播能力。在这样的一个时代背景下，社会对高层次高素质新闻人才的需求也是非常旺盛的。传媒市场化的纵深发展，使传媒竞争尤其是经营竞争异常激烈。在各媒体的市场竞争中，数字媒体的重要力量得以凸显。因此，数字媒体需要符合其发展特点的新闻专业人才。但是目前数字媒体的新闻从业人才供应严重不足。一方面传统的新闻传播人才过剩，另一方面懂数字媒体技术和传播特点的新闻传播人才较为缺少，在这样的情况下，加强符合市场需求的数字媒体新闻人才的培养已经成为传媒教育绕不过去的课题。

再次，以培养知识复合型人才为目标。新闻人才应该都是杂家，既专又博。只是教给学生新闻学的专业知识，不足以培养出适合市场需要的学生。在新媒体传播环境下，新闻人才单有专业的新闻知识是远远不够的。他们既要有政治修养，又要有理论修养，还要有广博的知识修养。新闻人才应该是有多学科背景的复合型的高层次的新闻人才。同时要注意的是，所培养的人才是知识型的而不应该是技术型的。学习新媒体新闻的专业知识，不是只是让学生掌握技术，而是让他们既要有新闻专业能力，又要有社会适应能力，而且还要有不断进行自我学习的能力。他们在学校学习的不仅仅是新闻采访和写作以及整合的技术，而是不断地提升自我的专业修养和人文修养的方法。

关于新媒体时代的新闻人才培养，具体来说，需要注意三个方面：

一是融合教育，即在媒介融合的时代，以融合应对融合。新媒体新闻人才的培养，要注重知识融合和技能融合；在全球传播新格局形成的背景下，应注重本土与世界的融合。还要注重通识教育和专业知识的融合：一方面继续加强通识教育，打牢学生深厚的文化根基；另一方面加强专业化和知识化，培养复合型人才。例如在学科设置上，可以采取多学科融合的培养方法。例如将中文课程融入新闻专业的教学中去，有助于加强学生的文字表达能力；将一些理工课程，如数字信息传播技术，融入新闻专业的教学中去，有助于学生了解和使用新的媒体技术和手段，为信息的整合和有效传播服务；将社会学的课程融入新闻专业的教学中去，有助于学生沟通和协调能力的培养。还要注重大学与社会的融合，注重学生学习的理论知识和实践知识的融合，学科建设应该与社会上的实践紧密结合，拆除学业与职业之间的樊篱，让学生从学校到就业能实现无缝对接。

二是新闻学的教育传统不能变，比如新闻人的责任意识、基本素养、叙事能力、报道功夫，学生必须在学校打好这些基础，进行通识教育，拓宽专业口径，培养学生继续学习和自发学习的能力以及不断更新知识的愿望。虽然说在新媒体环境下，新的传播技术对传统的新闻教育有影响，但是优秀的传统还是必须坚持。林溪声、温潇在《理念、目标、对策：面向未来的新闻传播教育——"全球知名新闻传播学院院长论坛"综述》中提道："对于新闻传播专业的学生进行通识教育，拓宽专业口径，夯实基础，中国人民大学新闻学院常务副院长倪宁认为这些共识在新传播技术的影响下还是应该继续弘扬。对于学生来说，继续学习的能力和更新知识的愿望是任何时候都不能或缺的基本素养。清华大学新闻与传播学院副院长李彬认为，新媒体时代要求新闻教育做出一些变化，但优秀的教育传统应该保持不变，比如新闻人的责任意识，新闻人的基本素养、叙事能力、报道功夫等。"①

三是新闻学不能仅仅注重培养通才，而是要注重培养不同类型的专业人才，一类是复合型新闻人才，既能有传统的内容报道能力，又有对新闻呈现平台的控制能力，例如，不同的数字媒体有不同的特点，复合型新闻人才能够根据媒体的不同特点制作不同的新闻产品，生产的新闻产品符合媒体定位和新闻内容要求，并且受众喜闻乐见。另一类是技术型人才，能够熟练运用多媒体的制作方法来协助新闻的生产。目前数字技术的发展可谓是日新月异，技术人才要紧跟时代潮流，用最先进的媒体技术协助内容编辑，做出最能吸引受众的新闻产品。还有一类是能参与公共事务进行传播管理的新闻工作者。在新媒体新闻的传播中，传播管理也是重要一环，例如网络舆情的监测、突发事件的应对、危机公关等。

---

① 林溪声、温潇：《理念、目标、对策：面向未来的新闻传播教育——"全球知名新闻传播学院院长论坛"综述》，《新闻大学》2010年第1期。

第八章　微博新闻传播研究

　　微博，即 micro-blogging，是微型博客的简称。用户使用微博，可以实现即时的信息分享和互动，也可以实现信息的传播和获取，但前提是用户每次在微博上发布的消息不能超过140字。Twitter可以说是最早的微博，它诞生于2006年。2007年以来，微博开始在中国发展，并且发展非常迅猛。中国几大新闻门户网站，如新浪、网易和搜狐，以及腾讯，都相继推出了微博平台。近三年来，微博在中国呈现了井喷式的发展，微博用户的数量迅速增长，微博上新闻的传播对于舆论格局的影响也不可低估。

第一节　微博的新闻信息与传统新闻报道的不同

　　微博的新闻信息相比于传统新闻稿件来说，差异性体现在以下几个方面。

一 微博新闻信息是碎片化的信息，不讲求新闻六要素的齐全

微博新闻信息类似于传统新闻中的简明新闻，但是它的字数要求必须是在140字以内，所以信息的发布者要对信息发布内容进行筛选过滤，其筛选过滤的标准是尽可能地在140字内表达出基本内容。对信息的完整性没有要求。信息发布的把关者是个人而非媒体。

二 微博新闻信息的语言不同于传统新闻报道的新闻语言

传统新闻报道要求记者从事新闻报道时，所使用的语言以准确、清晰、生动为主要特征。新闻报道应该符合祖国的语言规范，这不仅是指写报道时要注意语法、修辞和逻辑，也包括不允许滥用方言土语。而且，新闻语言既要规范，又要有时代气息。但是微博新闻信息的发布者是个人，其使用的语言是个性化的生活化的语言。这种语言更贴近生活实际，贴近时代环境，更易于大众的传播和交流。这也可以说明，在获知新闻信息的时候，只要新闻语言基本能够表达内容，大众对微博新闻语言并不挑剔，更关注的是内容，更容易忽略对其语言的要求。

三 微博新闻信息新闻价值的衡量与把关不同于传统新闻报道

传统新闻报道对新闻信息的新闻价值要先做衡量和把关，然后才能发布新闻。微博新闻信息的发布是以个人的兴趣点为标准，主观上不追求理论意义上的新闻价值，以得到受众的反馈和参与的数量与范围作为其信息价值的评判标准。微博新闻信息只要不涉及敏感和违法的内容，一般都不会被审核与把关。

微博时代的来临，给新闻资讯传播领域注入了一剂强心针，传播从大众传播进入到大众自传播的全民发声的阶段。那么在人人可以当记者的微博时代，传统新闻媒体会发生什么样的变化呢？

一是融合。报纸、广播和电视媒体同微博并不单纯是一种竞争的关系，现在媒介融合已经成为主流，传统媒体和微博也可以走融合之路。传统媒体可以开通自己的实名微博，利用微博这一平台，有选择、有步骤地发布自己掌握的比较权威的资讯，既可以丰富自身的传播渠道，也可以增强新闻传播的时效，扩大媒体的影响力。但需要注意的一点是，媒体在微博上应该注意与微博用户的互动，不要出现只发布不回应的现象，这样会影响微博用户对此媒体关注的热情，影响传播的效果。

二是互补。微博虽然在传播信息、引导舆论方面有着巨大的影响力，但是其自身也有相当的局限。一方面，微博发布信息的真伪通常难以判定。传统媒体虽然在时效性和传播的广度上难以与微博相比，但是其可以利用自身的优点和微博进行优势互补。例如，微博的信息虽然真伪难辨，但是微博可以提供广泛的信息源，可以给传统媒体提供新闻线索。传统媒体可以对信息进行验证，利用自身的权威性和公信力，发布经过检验的真实信息，这样和微博可以取长补短。另一方面，微博由于字数的限制，信息的内容不够系统和完整，很难进行深度的剖析和评论。一个新闻事件的后续报道也很难及时跟上，难以形成信息发布的连续性。而进行深度报道，是传统媒体的强项，在这方面二者也可以进行互补。

第二节 微博新闻传播的特征

爆发性传播。传统的新闻传播方式是一种点对点或者点对面的自上而下的单向传播；微博新闻传播是一种多对多，面对面的传播模式。比较重大的新闻信息，通过网友的关注、转发以及评论，可以在短时间内迅速地进行病毒式爆发性的传播。

随时性传播。传统的新闻报道，一般要经过记者的采访，然后写成稿件，经过三审，才能发布面世。而在微博中传播新闻，是随时随地的。手机和3G技术的广泛使用，使普通网民随时都能发布身边的信息，成为临时的新闻报道者，或者被称为公民记者。在传播渠道上，网民可以通过多种方式随时发布微博，例如桌面客户端、手机客户端、ipad客户端、在线更新、手机短信等。这种传播渠道的多元化，更有利于微博用户即时发布和更新信息。

多源头传播。在发生重大新闻事件的时候，目击者、经历者和旁观者都可以通过微博平台发布信息，信息的传播呈现多个源头的特点。而多个源头的信息发布，可以使微博用户从多个角度了解新闻信息，并且互相验证。这也有利于形成集合传播的强势，推动信息的传播力度。

互动性传播。传统的媒体传播是一种自上而下的单向传播，互动性较弱，用户是以受众的身份存在的，即使可以用读者来信或者热线电话的方式反馈信息接收的情况，也因为时间上的滞后而丧失效果。而在微博新闻传播中，微博用户不仅仅是信息的接收者，他们可以进行即时的互动、交流、评论，或者补充提供相关信息，而成为信息的发布者。这种即时的互动交流可以大大提高热点问题的关注度和影响力。

碎片化传播与多源性信息整合。微博传递的新闻信息往往是碎片化的。首先是因为微博发布信息的字数被限制在140字以内，在这样的形式框架之下，很难完整地描述新闻事件的始末。再就是作为公民记者的微博用户，由于绝大多数都缺乏新闻报道的专业素养，所以记录新闻事件的时候也往往不够严谨系统，容易东一榔头，西一棒槌，而且由于即时发布信息，公民记者们也很难了解事件的全貌。但是当一事件成为微博新闻热点之后，此事件的耳闻目见者在通过关注和转发评论之时，也会附带将自己对此事件的了解发布上来，从而由多个信息源头呈现事件的各个侧面，完成信息的多源性整合。

第三节　微博新闻传播的双刃剑——局限和优势

其一，140字的字数限制，对新闻信息内容的容量有了形式上的限制，进而影响到内容的完善表达。在微博上传递新闻信息，信息往往是碎片化不完整的。这样既影响到内容表达的系统性，又影响到逻辑上的严谨。但是140字的字数限制，使发布者尽量精简信息的冗余部分，从而留下信息的核心部分。在浩如烟海的信息轰炸中，这有利于网民快速找到每条微博的核心信息。

其二，信息的真实性、权威性无法考量和验证。微博上首先曝出的重大新闻事件，很容易招致人群的聚集和信息的广泛传播，但是人们在疯狂转发和评论的同时，却往往对微博新闻信息的真伪不作要求。其原因，一是微博上的网民用户有平等的观念，容易相信和自己同为草根的其他网民发布的信息；二是作为普通网民，验证其他网民发布的信息基本是不可能的，所以也不作要求；三是网民的媒介素养没有达到一定的层次，对媒介信息是依赖的而不是怀疑的。正因如此，微博传播的新闻信息可以说是海量存储，泥沙俱下。而网民不择精粗地围观和传播，对微博中不实信息的传播更是推波助澜。但是又因为缺少把关，一部分对于传统媒体而言谨慎发布或者不能发布的敏感信息，又能以真实的面貌出现在微博上。

其三，微博信息传播的即兴化。在新媒体新闻事件发生之后，注重个人主义，不参与互动和交流的是围观的看客，这在网民中占据很大的比例，而推动新媒体新闻事件传播的，则是有着相似的情感和经验而大量集结的群众，他们相互感知，相互呼应，相互认同，共同推动了新闻事件在民众中的传播。我们要注意的是，这部分群众是因为有着相似的情感和经验而集结，情感在他们传播新媒体新闻事件的过程中，起着很大的作用。大众自传播过程中很少看到理性的影子。

其四，微博新闻信息零碎庞杂，没有系统和分类。传统的新闻报道，乃至网络新闻，新闻的分类做得比较细致和到位。在传统的报纸中，新闻会被分为重要新闻和一般新闻。最重要的新闻会放在头版头条，而一般新闻可以放在除了头版之外的其他版。在报纸中，还会对不同类别的新闻设置专版，例如报纸中设置经济新闻版、娱乐版、体育版等。而新闻门户网站的首页会用导航条的方式分列新闻的各个门类。网页中也会用线条来区分出不同的板块，把新闻的各个类别分别归置。但是微博新闻，没有任何分类，完全是随机的、随时的，没有指向明确的目标受众。这会造成两个问题：一个是微博用户要自己从海量信息中选择感兴趣的信息，耗费大量无用功；另一个是微博信息的传播强度和力度具有非常大的不确定性。也许一条有价值的信息被忽略，而一条虚假信息却被热捧。

其五，微博信息多元，容易出现网民面对如此多元的信息莫衷一是、将信将疑的现象。但是微博又因此成为一个真正的意见的自由市场。因为微博的用户匿名化，不用顾忌现实的利害，各种冲突和对立的意见都能够在微博平台上交锋，利于给网民提供更多的线索和更大的言论空间。

第四节 微博谣言的产生与管理

微博由于其信息发布的多源性，发布信息者的资质参差不齐，极易导致无根据的新闻信息的产生。有的无根据的信息会产生轰动的效应，易于演变成微博谣言。由于微博的病毒性传播的特点，微博谣言的扩散和传播会非常迅速，其带来的影响也将难以估计。

微博谣言的产生，有以下三种可能：第一种是人为制造的，出于其不可告人的目的，有意混淆视听，引导舆论。第二种是网民无意间的以讹传讹，例如在曲解事件原意的情况下，就以自己的理解传播出去。信息发布者没考虑后果，只关注信息发布，满足分享心理。第三种就是由于一些信息的要件部分缺少，网民进行主观的推测，而一些主观的推测会被接受和迎合，也易于造成微博谣言。

第一种和第二种可能属于比较常见的谣言现象，人们对这两种谣言的态度也基本一致，那就是公布真相，以正视听。第三种可能最有讨论的必要。因为从对谣言的观察中，可以看到，谣言并非全部都是假信息。如果所有谣言都是假信息，那么谣言也不可能被相信和传播。有些谣言是真假掺和，有的谣言则在后来的事实呈现中被证明是真实的信息。即使谣言中有真实的信息，它的传播渠道也是隐蔽的，某些谣言会被称为"小道消息"。为什么谣言会被信任：一是因为有些谣言的确后来被证实是真实的信息，二是人们对小道消息反而更容易相信。从后一个因素上来说，出现这个问题和官方对言论的管控和引导有关。官方往往比较注重媒体的舆论引导功能，媒体往往是政府的喉舌，人们会认为媒体发布的是政府所倡导的，但是未必是事实的全部面貌。对于政府来说，有时出于稳定的要求，部分信息会被延迟或者不予发布。因此民众对媒体发布的信息会有选择地信任，甚至会从中猜测政府的意图。而对于"小道消息"，民众认为其不带有导向色彩，反而更容易相信其真实性。

谣言之所以易于在微博传播，既和微博的广场性质相关，又和微博的草根性相关。被广泛传播的谣言的中心内容一般来说是众所注目的事件或者是与民众切身利益相关的社会矛盾或社会问题。众所注目的事件的谣言，一般来说，该事件如果通过正常的渠道传播，则极易引起负面效应，所以不能堂而皇之地进行公开传播，而微博的谣言，满足了一些微博用户的窥探欲，又因为人们对谣言的半信半疑状态，不足以使其产生巨大的负面效应，所以此类谣言流行起来阻碍不大。与民众切身利益相关的谣言，民众对其则宁可信其有，这和民众普遍存在的不安全感有关。例如微博上流传的关于娃哈哈饮料的谣言。据新华网报道："据了解，此次针对娃哈哈等饮料企业的谣言，内含'饮料中含有肉毒杆菌''喝饮料会导致白血病'等信息，主要出现于微信、微博等社交网络平台。据悉，娃哈哈内部监测数据显示，谣言从3月散发，到4月初开始集中有组织散播。4月8日至11日，微博原发信息超过700条，微信账号发文450条，仅相关微信的阅读量就将近200万次。"民众之所以对娃哈哈饮料的相关谣言非常敏感，和长期以来出现的食品安全问题有关。食品安全问题层出不穷，民众如惊弓之鸟，因此对于微博出现的与食品相关的谣言，宁可信其有而避险，绝不会置若罔闻。

那么，应该怎样对待微博谣言？

第一，要强化监管，信息透明。目前，各大网络媒体的监管手段往往是一些技术手段，例如微博实名制，删除微博谣言发布者的账号，运用信息过滤技术屏蔽谣言关键字信息等。虽然这些技术手段对遏制不良信息起到了一定的作用，但是也会招致普通网民的反感，认为这样粗暴地屏蔽，让网民无法再进行相关的评论，阻碍了信息的透明和公众有关此信息的所有交流。所以，在各网络媒体用技术手段遏制不良信息的基础上，党政部门还要从舆论层面进行适当引导。要实行政务公开，信息透明，针对重要情况和突发事件，要及时发布权威信息，阻断谣言的传播。另外，管理者要注意舆情的收集和研究，及时地进行舆论引导，对危害社会稳定、损害社会道德底线的不良信息要坚决予以清除和打击。

第二，完善相关法律法规并积极实施。微博兴起以来，门户网站和一些省市出台了相关的管理规定。例如新浪网站出台了《新浪微博社区公约》《新浪微博社区管理规定》，北京市出台了《微博发展管理若干规定》，对微博传播虚假信息、侵害他人权利、发布垃圾广告等违法和不良行为制定了相关的惩处措施。很多微博用户对此并不重视，所以不仅要制定法规，还要促使微博用户学法讲法用法，才能落到实处。

第三，主流媒体的微博应积极引导舆论，保持理性冷静。主流媒体的微博不应单纯追求时效而随意转发微博信源，而是要发布经过核实验证分析之后的微博信息，时效性不应该影响其真实性和权威性。如果主流媒体能够理性地及时地发布权威真实信息，引导公众理性思考，批判接受，对于微博谣言的遏制将会起到有效作用。

第四，相信网络的自我净化能力。对于一些危害不大、影响不是很广的谣言，可以采取无为而治的方法，相信网络的自我净化能力。网络中的微博用户虽然在资质上良莠不齐，但是要相信正义和公德还是占据社会价值观的主流，网络的微博用户中，还是有一部分的网民具备较理性不盲从的媒介素养。所以，见怪不怪，其怪自败，网络本身也会大浪淘沙，那些网络中的谣言有时候也会不攻自破。

第五，倡导微博用户加强自律，培养和提升网民的媒介素养。除了制度和技术的管理，也要从素质教育层面对微博用户加以引导，倡导微博用户加强自身媒介素养，文明上网，遵纪守法，自觉维护网络社会的秩序，不信谣不传谣，认真对待自己的发言，要顾及影响和后果，谨防成为谣言传播的助推器。

第五节　微博新闻传播与公民意识

所谓公民，是指在现代社会中，对自己在国家中的政治地位和法律地位有自我认识并且积极维护自身权利的民众。公民意识有三个维度，即"公民的主体意识、权利意识和社会责任意识"[①]。公民意识有三层理论内涵："第一层涵义是公民身份

---

① 魏健馨：《论公民、公民意识与法制国家》，《政治与法律》2004年第1期。

地位的表征，表明公民是政治共同体中完全且平等的成员；第二层涵义是公民对自身享有的权利和履行的义务的内心感受和生活实践；第三层涵义是作为参与行动的公民意识，公民应当有平等参与国家公共事务的热情和能力。"①

　　微博新闻传播对于公民意识的养成，具有相当大的推动作用。首先，微博新闻发布是一种全民发声的态势，你只要拥有一部手机，一个网络，就能够随时随地发布你的所见所闻所感。微博用户从新闻信息的接受者变成了信息的发布者。这大大激发微博用户的主体意识。其次，微博新闻传播对草根用户进行底层赋权。传统媒介中社会精英拥有着绝对的话语权力，普通的草根民众一般来说只能接收上层传播者自上而下的话语传播。而微博把话语权交给了普通的草根民众，使他们可以参与到创造社会历史的进程中去。再者，在网络微博这个相对来说比较开放的公共空间，普通网民的地位是比较平等的。所以，普通网民可以以平等的姿态参与到微博新闻事件的转发和讨论当中，几乎没有任何的门槛限制，这可以极大地唤醒民众的参与意识。最后，微博平台可以成为舆论监督的利器，培养公民的监督意识。所谓众人的眼睛是雪亮的。社会中的假恶丑在微博平台曝光之后，往往可以迅

---

① 李艳霞：《社会转型期中国公民意识的良性构建——以社会生活各领域关系为视角的分析》，《社会主义研究》2010年第1期。

速演变为一场声势浩大的舆论热潮。以往普通民众难以以一人之力做到对社会公权力的监督，现在可以通过微博平台，集合众人之力，对社会公权力的腐败进行斗争。例如郭美美事件引发的公众对红十字会的舆论监督，"表哥"引发的公众对官员腐败的舆论监督等。

  但是，如果只是乐观地认为，有了微博平台的存在，公民社会就会逐渐形成，也太过轻率。在微博上发生的此起彼伏的众多新闻事件中，我们可以观察到，这些事件风起云涌，但是网民的舆论监督最终真正起到现实作用的，占的比例并不是很高。一个问题是，网络社会每天都会涌入海量信息，人们往往顾此失彼，善于遗忘，兴趣的焦点易于转移。本来是关系重大的事件，在另一事件引发公众关注的时候，就会被搁置甚至遗忘，最后不了了之。另一个问题是，网民的个人素质和媒介素养还亟须提高。即使是微博提供了全民发声的平台，赋予了草根民众话语权，那么草根民众能否利用好这个平台，能否合理地有效地行使自己的权力，都还是一个问题。比如，微博新闻的公信力还不够。相比之下，人们目前还是偏向于向传统媒体寻求新闻的真相。微博新闻可以迅速聚焦热点，但是其真实性最终还是依赖传统媒体的证实，才能使其传播力度更大更广。而且微博是谣言传播的温床。微博易于传播谣言，首先是因为草根民众利用微博传播消息，其本身不具备新闻生产的专业素质，从个人素质上来说，如果修养低下，信口胡说，随口乱说也屡见不鲜。其次微博新闻传播之初缺少把关和验证。还有就是微博新闻非完整要素消息，其时间、地点、人物、事件等发生要件往往不够完备和清晰，其模糊性也容易导致谣言的产生。再次，大部分微博用户并不具备高水平的认知，对事情的判断很难有理性的认识和评价。例如2011年发生的抢盐事件，正是民众在没有清醒和理性认知的情况下，陷入莫名恐慌，才会导致的群体性事件。网络暴力的出现也是网民不能正确行使话语权的一个证明。被赋权之后的网民，对于权力使用充满了热情，很容易投身于无视法律的道德审判中。这种不恰当的热情，会演变成网络暴力，造成社会伤害。朱大可说："他们以'无名氏'的方式，躲在黑暗的数码丛林里，高举话语暴力的武器，狙击那些被设定为'有罪'的道德猎物。"① 还有一些网民，被利益所驱使，成了被雇用的网络水军。如此种种，都是阻碍公民社会形成的因素。

还有一个问题是公民社会的形成，不仅需要微博上的自由发表的意见，还需要切实的公民行动。微博发言是很简单的一件事，比如呼吁市民做好垃圾分类，但是要落实到行动上，则是难之又难。对于网民来说，自觉自愿地做好这件事，每天坚持下去，形成习惯，还需要一个过程。而且这件事仅仅依靠自

---

① 朱大可：《铜须、红高粱和道德民兵》，《东方早报》2006年9月18日。

觉还是不够的,还需要政府设立规章制度,设立合理的垃圾收集和清理设施。所以,公民行动的落实,不仅需要公民自身持之以恒的身体力行,还需要各方面的配合与推动,仅仅依靠一个自由发言的平台是不够的。如果不能够很好地转化为公民行动,微博上的言论也会很快被遗忘被冷却,公民意识也会因为勤而无所而被淡化和忽略。

第九章　微信与新闻传播

　　微信，在百度百科上有比较详细的介绍："微信是腾讯公司于2011年1月21日推出的一个为智能终端提供即时通讯服务的免费应用程序，微信支持跨通信运营商、跨操作系统平台通过网络快速发送免费（需消耗少量网络流量）语音短信、视频、图片和文字，同时，也可以使用通过共享流媒体内容的资料和基于位置的社交插件'摇一摇''漂流瓶''朋友圈''公众平台''语音记事本'等服务插件。微信提供公众平台、朋友圈、消息推送等功能，用户可以通过'摇一摇'、'搜索号码'、'附近的人'、扫二维码方式添加好友和关注公众平台，同时微信将内容分享给好友以及将用户看到的精彩内容分享到微信朋友圈。截至2013年11月注册用户量已经突破6亿，是亚洲地区最大用户群体的移动即时通讯软件。"从这个介绍可以看出，微信既是一款社交软件，又能即时推送消息。而且微信的用户量在急速增长，可以说是一款比较普及的手机应用软件。微信已经成为微博之后热门的新闻传播平台。

在《微博——一种新传播形态的考察》中,作者对影响用户使用微博的主要因素进行了分析,分析认为,主要有六个因素影响了微博的使用:一是无法通过对内容分类,查看不同类型的微博;二是无法通过对关注的人分类,查看不同类型的微博;三是缺乏让自己获得更多关注的有效手段;四是朋友熟人少,缺乏互动;五是微博是新产品,认知和学习的门槛高,很难成功说服朋友加入;六是发布形式限制多,如140字的字数限制,不能发多图,评论中不能发图。[1] 这些因素中,影响最大的是"朋友熟人少,缺乏互动",以及"无法通过对内容分类,查看不同类型的微博"。这说明,微博对人际关系圈子的形成和维护没有起到有效的作用,对信息的分类检索以及聚合都还不够完善。相对于微博的这些弱势来说,微信恰恰在这方面体现了自己的优势。第一,微信朋友圈的功能,能很方便地把用户电话通讯录以及QQ好友聚合在一起,形成用户的稳定的朋友圈,并且给用户提供方便地在朋友圈中分享和交流信息的功能。并且朋友圈也是可以分类的,通过编辑标签,可以把朋友圈分为几个类型,在发布信息的时候,也可以提示某人可看,或者屏蔽某人,使

---

[1] 喻国明:《微博——一种新传播形态的考察》,人民日报出版社,2011,第161页。

其不可见此信息。这让用户既有稳定而较大的朋友圈，又能保证信息的私密性。第二，微信可以做到信息的分类，并且能够由用户自由定制自己喜欢的信息类型，其途径是通过关注各个类型的微信公共号来实现的。也就是说，微信为各个媒体打造了一个平台，而微信通过各个媒体在这个平台上发布信息，使自身也成为一个新的媒体。微信公号的类型比较鲜明，用户通过关注不同类型的微信公号，来实现自由定制，通过定制来为自己打造一个类型鲜明的个性化媒体。第三，微博有140字的字数限制，这样的限制使用户很难发布有深刻观点的内容，即使偶尔出现这样的内容，也很难成为微博信息的主流。而微信没有字数限制，可以长篇发布，观点有可能深入完整地阐述。不再满足于情绪性的冲动型的信息转发，而产生了对于理性意见的需要，对于有倾向性的有深刻见地的观点的需求，这些则可以在微信中得到满足和实现。从柴静发布《穹顶之下》视频一例可以看出，网络理性意见有了生长的土壤和平台，那就是微信。微信能够搭载长篇文章，使观点阐述详尽。而微博多即兴感言，更多情绪化的聚集，字数的限制也没法阐述清楚论点。微信恰逢各种专业意见媒体兴起的时期。在专业人士和独立思考者越来越多的时代，微博已经不再适用于表达专业性的深入的意见，所以微博衰落了，微信成长了。第四，微博中的信息量较大，但是显得很是杂乱，这就催生了信息筛选的需求。事实上，对于网民来说，现在并非信息超载，而是有效信息匮乏。所以应建立辅助性的信息筛选机制。从这一点上来说，微信比微博发展得好，也跟其中朋友圈起到了信息分享和信息筛选的作用有关。微信朋友圈相对来说比较稳定，特别是在微信朋友圈中，都会存在一个强关系群，在这样的朋友圈中，人们关系稳定，相互比较信任，在分享信息时也会更多理性和责任。因此，微信朋友圈的信息分享，也是信息选择和过滤的一个门槛。这对于微信用户吸取有效信息，很有帮助。第五，人们越接近媒体，媒体越具有易用性，人们就越具有传播的主动性，在传播链条里占据主动，更能激发人们使用媒体的热情。智能手机和移动互联技术的发展，使人们更易于掌握和使用新媒体。微博是基于PC端的，而由于移动互联时代的到来，微博平台被基于移动互联终端的微信超越似乎是大环境使然，不得不然。微信是腾讯公司于2011年初推出的一款快速发送文字和照片、支持多人语音对讲的手机聊天软件。因为微信是基于移动终端用户而开发的社交软件，所以在移动互联网日渐发达的时期，微信的易用性相比于微博更加强大。几乎人手一部的手机，强大的移动互联的普及，微信的方便易用，这些都使人们对这个新媒体青睐有加。再加上通过微信，人们可以自由选择媒体来构筑自己的有个性、有特色的媒体，也使人们在传播中的主动权增加，相应地，其传播的主动性和积极性也增强了。

相比于微博的广场化传播,微信朋友圈的新闻传播处于一种部落化的状态。微信的传播除了个人之间的交流外,新闻传播往往是在朋友圈中进行。对于微信朋友圈来说,能够进入彼此朋友圈的用户,都是彼此的强关系对象。也就是说,微信朋友圈中的用户,都是比较熟悉的人,通过验证才能添加好友,然后才能实现信息的传播共享。那么在部落化的传播中,微信朋友圈新闻传播体现出什么特点呢?

第一节 微信朋友圈新闻传播的特征和局限

微信朋友圈新闻传播是一种有个性色彩的内容分类传播。既然是部落,同一个部落,或者说朋友圈中的人,基本会有一些共同点,例如阶层、文化、习惯习俗等方面的趋同。所以在微信的朋友圈中,传播的新闻会有类型化的特点。例如一个孩子的妈妈,她的朋友圈可能会时常分享育儿经。如果这个孩子的妈妈又是一个职业妇女,她的同事们会分享职业相关的新闻。而这个孩子的妈妈,是处在多个部落的交集中。每个部落就好像是一个闭合的圆圈,而某个用户就处在多个圆圈的重合部分,也就是说微信用户可以看到多个部落里的信息,每个部落传递的信息都有类型化的特点,那么微信用户所能接受的信息就有一个清晰的分类,这种分类又带有每个分享信息的朋友的个性色彩。这相对于微博传播的广场化特点来说,是一种信息的自动过滤和分类。微博新闻传播的信息零碎庞杂，没有系统和分类。对于微博用户来说，这会增加其辨识信息的成本。微信传播的新闻信息，相对于微博的零碎庞杂来说，就是一个比较清晰的定向化传播。但是微信信息的分类，又和门户网站及传统媒体不同。微信的新闻传播分类，是以微信用户的个人身份、兴趣、爱好等区分的。因为微信用户的朋友圈，是强关系圈，而强关系的形成，是基于其阶层身份以及相同或相似的职业、兴趣爱好等。所以，微信的新闻传播是一种类似于私人订制的鲜明的类型化的精准传播。

微信朋友圈新闻传播的有效性。与微博的海量信息有大部分都被用户忽略不同，微信的新闻信息的接收和传播比例较高。因为微信传播的信息和微信用户的相关度较大，所以微信传播的新闻信息的有效性大大增强。

微信朋友圈新闻传播较微博传播更为理性。微博信息传播具有非理性的特点。在微博中，推动新媒体新闻事件传播的是有着相似的情感和经验而大量集结的群众，他们相互感知，相互呼应，相互认同，共同推动了新闻事件在民众中的传播。而微信的新闻传播呈现出理性化的特点。微博新闻传播的受众群，彼此之间大都是陌生人，所以，能够让他们同心协力推动一条信息的传播，只能是有共性的情感内容，例如对弱者的同情、对为富不仁者的鄙斥、对高尚者的崇敬等。但对于微信来说，微信的用户来源于社会化的关系网络，彼此之间的连接是由各种现实关系组成的。在新闻传播中，他们可以从各种现实的角度、理性的角度去分析和接受，而不会仅仅局限于情感的经验。所以，在微博中未被核准的内容，会在争议中继续传播，甚至争议越大，传播的强度和力度可能会更大。但是在微信当中，关系网络是现实网络，传播者在传播信息的时候，要考虑到传播的信息是否会对朋友圈产生现实的负面的影响，因此，不确定的内容很大程度上会被理性地中止传播。

微信朋友圈所传播新闻的深度较强。微信传播的新闻信息因为没有微博140字的发布局限，所以为内容的深度分析拓展提供了可能性，弥补了微博信息传播的局限。在微博上，人们一般来说看到的是信息，是事件；而在微信上，人们看到的新闻则大多是观点，是评论。在获取信息源极为简便的今天，对新闻的深度开掘成为新闻传播的极大动力。微信对文字长度的无局限性，朋友圈推荐分享新闻信息的较强理性，使新闻的深度解析成为微信新闻传播的主要内容。

微信新闻传播相对来说是有强关系网形成的比较准确的定位传播，但还是有比较大的局限，具体如下。

一是这种比较准确的定位传播是自然形成而非有意为之。自然形成的新闻传播链条，容易断裂。微信用户对新闻的传播和分享是随机的而非定时定量的，再加上微信朋友圈的人数是比较有限的，所以，微信用户依靠朋友圈的分享所能得来的新闻资讯是很有限而且是不稳定的。

二是信息的新闻性较弱。朋友圈因为人数相当有限,所以,朋友圈原创的新闻信息相当少,而转发其他媒体的新闻信息又显得多此一举,因为信源实在是数不胜数。所以,微信朋友圈中获知时效性强的新闻信息的可能性很小,也就是说信息的新闻性是比较弱的。

三是微信朋友圈新闻传播的干扰因素较多。微信作为一款即时性通讯工具,同时也是一个手机社交软件。在朋友圈中,出于维护强关系网的需要,朋友之间的聊天互动、生活记录、随感发布等会占据微信朋友圈内容分享的相当大一部分比例。所以,各类内容的不断刷屏,容易使微信中传播的新闻淹没其中,影响新闻阅读和接收的体验和效率。

四是微信较为理性化的传播特征是有局限的,表现为受到现实关系网络维护的要求,而限制了自我的真实表达。这就使意见的冲突和对立少见于微信朋友圈,从而导致微信朋友圈较难形成意见的自由市场。

第二节 微信公众号的新闻传播

专业传播新闻的微信公众号,主要有两类组成:一类是新闻专业媒体,一类是新闻的相关从业人员。新闻专业媒体借助移动互联这块阵地开拓自己的传播渠道。专业的新闻工作者也借助微信公众号平台来进行新闻传播。一方面,可以显示新闻解读的个性；另一方面，也可以提高声望，聚拢粉丝，甚至到最后可以进行会员制的商业化运营。那么，对于微信公众号所传播的新闻，有什么特点可循呢？

首先，微信公众号传播的新闻量少质优，必须经过严格的过滤。微信公众号推送的新闻，一般来说篇幅较长，在篇幅上可以与网络版和纸质版的新闻相仿。但是微信公众号每天只能推送一条新闻微信，在这条新闻微信中，一般来说会包括一到四条具体的新闻信息。为了吸引受众的注意力，每条新闻一般都会配有大幅的图片。封面新闻的图片和标题最为突出。也就是说，虽然没有字数的限制，但是却有推送数量的限制，因此，微信公众号必须做到把关人的角色，把每天最有新闻价值的新闻推送给受众，节省受众的阅读时间，减少受众辨识海量信息的成本。就像门户网站的新闻头条和传统纸媒的头版一样，微信公众号的新闻要做到优中选优，去粗取精。当然，每个公众号把什么样的新闻作为头条，还是跟媒体的特点定位有关。

其次，由于手机阅读的要求，每篇新闻的版式处理会与纸媒和网络媒体不同。手机屏幕较小，要适应手机的阅读特点，一般来说都要做到长文段落多，每段的文字简短，小标题多，标题和重点的段落或文字都做视觉强化处理。

再次，移动互联上的新闻传播，以新闻的深度解析为主，观点要犀利鲜明，风趣幽默。移动互联上的新闻传播，由于数量少篇幅长，要尽量地抓取受众的眼球，必须有很强的吸引力。这种吸引力不仅仅是版面和标题的吸引，还要体现内容为王。观点要鲜明犀利，要有个性。而要体现观点，势必要进行新闻的深度解读。而且还要体现互联网思维，要有趣幽默，而不是板起面孔说教，个性突出才有看点。例如北京青年报评论部的微信公众号"团结湖参考"2014年6月8日推送的"新闻趣读"，文字的风格就比较风趣幽默，观点也很独特。在"新闻趣读"栏目下方，首先是一个"小编提示"："新闻该怎么读？普通青年一字一句读，文艺青年配乐朗读，第三种青年一边倒立一边读。那么，评论猿怎么读？团结湖参考新推栏目新闻趣读，点评当日新闻，借你一双评论猿的眼，带你发现看似庸常的新闻背后的有趣风景。"这种不按常理出牌，完全有别于传统的一板一眼的公式化的语言风格的文字，以怪异幽默出之，以自黑为接地气的方式，把高大上的新闻评论用适合移动互联传播的风格传播出来。再看评论员如何趣读新闻。第一个小标题：撞拐。"外交部发言人说，越南针对中国981钻井平台作业，已经累计冲撞我公务船超过1200艘次。"评论员："小时候玩过撞拐吗？小伙伴单腿撞击还互吐口水，但最终还是一起长大了。所以，别担心中越摩擦会愈演愈烈，更不会擦枪走火。双方的分寸都控制得很好，场面热闹，但不会伤筋动骨。"这段评论以通俗的语言，有趣的比喻，犀利的观点，简短的文字出之，完全与传统的高大上的新闻评论风格迥异，手机微信用户读来，一股清新之风扑面，既好读又有趣，有点寓教于乐的感觉了。

此外，微信公众号的新闻传播，以接地气有温度为指向。微信传播的新闻信息，追求与公众的贴近性，无论是内容还是语言风格，都与传统媒体理性、客观、冷静的风格不同。如南都周刊微信公号号称是"有温度的新媒体"。例如《南都娱乐周刊》2015年3月20日发布的微信公共号头条文章《不是每个理工男都叫李健，打造 bige 男友请速戳》标题中加入 bige 一词，在传统媒体的版面上，这样的不中不西，正邪难辨的词会被当作错别字毫不留情地被编辑划掉，而对于普通网民来说，这个词非常熟悉，达到了可意会不可言传的境界。对于微信上出现这样的标题，他们一点都不会感到诧异和难解。微信文章可以做到和网民的理解力如此贴近。再看这篇文章的导语："每到周五的晚上，你的朋友圈会不会被一群花痴女刷屏李健？这位长相儒雅、风趣幽默、低调爱老婆的清华理工男，简直满足了大部分女生的择偶幻想……而与此同时，相亲市场上开始流传一个说法：理工男首次战胜挖掘机专业男，成为未婚女青年时下最热门的选择。大批理工单身狗闻此喜极而泣，奔走相告。""理工男"尚且能为大众所熟知，而"挖掘机男"就是网民们的独创专属用词了。还有所谓的"单身狗"的叫法，是网民们流行的一个自我调侃用词，也堂而皇之地登上了微信公号发布的文章。这些网民中间流行的用词，还有"喜极而泣"

的夸张用法，都符合网民们喜闻乐见的幽默风格。这篇文章的作者就像网民中随处可见的一个普通人，说着网民们都理解和认同的话语，开着网民们喜欢的玩笑，可谓非常地接地气，有温度了。

最后，相对而言，新闻从业者的个人微信公众号的个性更为突出。一般来说，个人微信公众号对于新闻的解读各式各样，个性鲜明。从形式来说，也会独树一帜。例如王志安的微信公众号。据百度百科，王志安，1968年4月21日出生，籍贯吉林九台，生长在陕西，先后毕业于武汉大学、北京大学。1998年进入央视，先后从事记者、编辑和策划等工作，2009年8月任央视专职评论员，2011年9月任《新闻调查》调查记者。王志安认为应敬畏市场，但不认为政府完全不能干预，主张监督政府权力，但反对用谣言抹黑。王志安曾经因为为幼教虐童事件中的幼儿园老师辩护而进入大众视野。也许因为已经有了一定的名气，所以王志安的微信公众号直接以他的名字命名，内容以新闻评论为主。其微信公众号的特色在于以音频为载体，在60秒的时间内为听众提供某条新闻的简要评论。首先从形式上来说，音频的形式，更为接近受众，因为收听的伴随状态，使受众对信息的接受更为方便。60秒的简短时间，既不会占用听众过多的时间，又能够让听众对新闻事件有一个明晰的了解，还能把观点呈现得很清楚，而且观点往往比较独特，这对听众来说很有吸引力。一般来说，由于声音的转瞬即逝性，资料的保存和回顾殊为不易。但是王志安用另一种方式给受众弥补了声音传播的不足。这就是他的微信公众号的另一个特色，即王志安用音频的形式做了一个引子，如果听众对这个话题感兴趣，可以回复王志安规定的关键词，然后给听众看与话题相关的文章。王志安所采取的这个形式，一方面有简短的提要式的观点呈现，一方面有长篇的深度解析，能够适应不同受众的需求，是一个比较成功的尝试。王志安适应移动互联的方式不是语言的风格，而是他的独特观点和适应受众需求的新闻评论发布形式。在60秒的时间内，王志安用简练的语言清晰地呈现他对于新闻的观点，并且往往视角独到，这既是他的功力所在，也是适应移动互联的形式特点。我在这里摘取一条音频的内容作一例证。2014年6月7日音频版："一位农民工携带两件大件行李上公交车，遭到公交司机的拒绝。旁观的乘客纷纷为这位农民工打抱不平。媒体报道后，这位公交司机被停岗，还被罚了一千块钱。我关心的是，公交车对乘客携带行李的数量和体积是不是有规定。至少我知道，很多城市是有的，比如只准携带一件，体积超过多少，还要购买一张车票。如果这位司机是严格地遵守公司的规定，哪怕这样的规定不尽合理，那么这位司机就不应该被处罚。因为对于普通员工来讲，他们只有遵守规章制度的义务。另外，农民工的确值得同情，但是，值得同情的群体也不应该获得额外的权利，也应该和其他人遵守相同的社会规范。如果仅仅因为是弱势群体，就可以不遵守这些规范，这个社会就乱套了。很多人在释放同情心的同时，往往弄不清我说的这两点。今天回复同情两个字，给你看文章。"这段文字，王志安以58秒的时间阐述完毕，观点鲜明，逻辑清晰，语言简练，而且时间的把握非常准确。再加上王志安清楚的咬字，平稳的语调，磁性的声音，与他的新闻观点一同构成了他的个人魅力。并且他用一种简单的互动方式，引导有时间、有条件、有兴趣的受众继续阅读长篇文章。这是新闻从业者利用个人微信公众号进行新闻传播比较成功而有益的尝试。

第十章 个案研究

内地女孩港铁进食事件新媒体
传播过程理论透视

2012年初,内地女孩香港地铁进食事件引起了网络上的轩然大波。此事件在新媒体传播过程中,从最初的风起云涌,到高潮迭起,到后来的偃旗息鼓,比较耐人寻味。本文即从理论分析的角度,来深层次地分析此新媒体事件的传播。

一 事件综述

2012年初,在互联网上,一段视频引起了大家的注意。1月16日在YouTube上,有香港网民上传了一段因内地小女孩在香港地铁进食引发双方骂战的视频,标题为"火车内骂战,香港人大战大陆人"。在视频中可以看到,一内地游客带一小女孩乘坐地铁,小女孩在地铁中吃点心,一乘客提醒地铁中不能吃东西,更有一香港人拉动地铁掣动按钮,然后双方开始大声对骂,随后骂战升级,内地游客同行者和几位港人都加入战团。随即,这段视频在微博迅速流传,其夸张煽情的标题,吸引大量网友围观,有记者统计,至1月19日,该网站上这段网络视频的观看人次总和已超过70万,评论帖子约1万条,且数字仍在上升。在新浪微博上,一则"内地游客在香港地铁进食引争执"为题的微博,附视频及贴图,同样引起广泛关注,网友转发近1万次,评论超过5000条;"微话题"中有近4万条相关微博。

现在进入百度搜索,关于内地女孩港铁内进食的结果有25600个,在这两万多的相关资料中,有此事件的消息,有新闻评论,有网站组织的投票,有视频和转发的视频。这则新闻引起网友的激烈讨论,讨论的议题主要集中在几个方面:

国人的文明素质问题。有网友认为,大陆游客在香港出现的一系列不文明行为,是因为公共观念的缺失,导致了习以为常的陋习,而港人以厉声指责和攻讦的方式对待内地游客的不文明行为,也难以体现香港人的素质。

香港人对待内地游客的歧视态度问题。视频的对话中香港乘客在批评和指责的话语中加入"这是香港人的地方""这些大陆人是这样的"之类的言语,能明显感受到香港人对待内地游客有高人一等的心态。

香港人反感内地的情绪问题。内地女孩港铁进食引发骂战，成为香港人反感内地情绪爆发的导火索。在港铁中大声指责大陆游客"有没搞错啊，道歉就够了"的香港男子在一采访视频中称，内地游客在香港的不文明行为由来已久，例如乱扔垃圾，不守规矩，小孩当街大便等，引起了香港人的反感。

内地人对香港人优越地位的反感情绪问题。有博主在博客中贴出《香港的今天是怎么来的》一文，代表了内地对香港人优越地位的反感情绪。

对孩子的宽容问题。小女孩因肚子饿而在港铁内进食点心，违反了香港地铁的规定。但是香港乘客大声斥责，没有体现出对儿童的包容和耐心。

二 新媒体传播和集体行为

近年来，香港和内地的矛盾关系，也表现在一些事件当中，例如迪士尼事件和大陆孕妇涌聚香港产子事件，但是这些事件，都没有像内地女孩香港地铁进食事件引起的反应强烈。这个事件，就像导火索点燃了积蓄已久的炸药桶。为什么这个事件能引发众多网友的集体关注？我们可以借用集体行为的相关理论来给予解释。

关于集体行为，胡泳在《集体行为》一文中说："集体行为（collective behavior）是罗伯特·帕克（Robert E. Park）

最先使用的一个术语，被郝伯特·布卢默（Herbert Blumer）加以沿用，指那些不完全对应现存的社会结构（如法律、习俗和制度），而是以一种自发方式出现的社会过程与事件。它是行为模式的一种，是人群聚集的产物。群众活动、谣言、舆论、时髦与社会运动都可算是集体行为。"① 波斯特梅斯和布伦斯汀在考察互联网的集体行为时指出，在网民看来，互联网上的集体参与的行动，在一定程度上等同于现实中的集体行为。新媒体为广大网民提供了一个相对自由的空间，在这样一个空间里，网民由于有相似的情感和经验而集结，容易形成集体行为。那么，内地女孩香港地铁进食由一个个体事件发展到网民大规模集体参与的行为，是什么样的因素导致的？

斯梅尔瑟（Smelser）指出，决定集体行为产生的因素有六个：结构性诱因、结构性失衡、共识性观念、触发性事件、有效的动员以及社会控制能力的下降。② 我们可以尝试从这几个方面来诠释内地女孩香港地铁进食由个体事件发展到集体行为的原因。

其一，结构性诱因。社会学家认为，集体行为的出现，要有这样的一个结构存在，在这样的结构中，民众可以感

---

① 胡泳：《集体行为》，《商务周刊》2011年5月。
② 赵鼎新：《社会与政治运动讲义》，社会科学文献出版社，2012。

知彼此的存在,相互注意和相互呼应,有个人观点,有共同注意点。互联网或者说新媒体能够提供这样一个结构空间,在《麦奎尔大众传播理论》中提道:"新媒介相比传统媒介来说,具有更多互动性、社会参与性、私人化与自主性的可能。"① 所以,新媒体为集体行为的出现提供了结构性诱因。

其二,结构性失衡。之所以由个人骂战升级为香港和内地的群体口水战,结构性失衡是最直接的因素。斯梅尔瑟指出,所谓结构性失衡,是指长久以来出现的不平衡或者无序状态,而又未能出现社会变化的社会状况。由内地女孩香港地铁进食引发的骂战,反映了香港社会持续存在的问题:在内地经济腾飞,地位上扬的背景下,香港的特殊地位和权利日益削减,港人承受的压力越来越大,对未来的发展感到迷茫;而内地各项事业的蓬勃发展,内地游客大规模涌入香港,给香港带来了旅游和贸易收入的同时,也带来了不少的社会问题。香港和内地社会差距的缩小,内地经济的蓬勃发展和文明素质发展滞后的矛盾,内地游客涌入香港给香港带来的社会问题等因素,形成了香港和内地之间的结构性失衡。而内地女孩香港地铁进食,成为这一结构性失衡的触发因素。内地游客和港人的个人冲

---

① 丹尼斯·麦奎尔:《麦奎尔大众传播理论》,清华大学出版社,2006,第108页。

突，由于结构性失衡的存在，升级为香港和内地网民的集体冲突。

其三，共识性观念。香港人对于内地的歧视态度被认为由来已久。正如视频中男子所说，大陆人就是这样的。香港人长期以来形成的一个普遍共识就是内地人不讲文明，没有素质，乱丢垃圾，破坏环境，公共场合大声喧哗。所以，看到一个个体行为，很容易上纲上线到全体内地人。而对于内地人来说，香港长期以来相对于内地享有的特殊地位和权利是内地对香港的奉献，如果因此香港对内地人持续鄙视，没有宽容和爱心，内地人会认为香港人没有同胞应有的感情，是享受了权利还不知感恩。

其四，触发性事件。内地女孩香港地铁进食遭港人指斥，成为触发事件。长期以来中国人形成的老吾老以及人之老，幼吾幼以及人之幼的观念，在看到内地小女孩在港铁内被指斥时，引发了内地人护幼之心。而港人在指斥小女孩的时候，直接上纲上线到"大陆人就是这样的"更加促使此事件成为引发集体骂战的导火索。

其五，有效的动员。网民的自发集结，把个人骂战升级为香港和内地的网民互吐口水，其动员网民迅速集结的力量来自于情感和情绪，以及自由的网络空间。

其六，社会控制力的下降。网络空间享有较大的自由度，社会控制宽松，网民们匿名上网，可以尽情抒发情绪，即使大放厥词也基本不用担心后果。

由此看来，内地女孩港铁进食引发骂战由个体行为升级成为集体行为，因为具备充足的产生因素而自然而然。

三 新媒体传播的不确定性

内地女孩港铁进食事件由个人骂战升级为两地网民的集体骂战，但是事件并没有就此结束，而是峰回路转，高潮迭起。邱林川在《新媒体事件研究》中说："新媒体事件的一个特征就是事件发展的不确定性增强。"[1] 内地女孩港铁进食事件，在从个人骂战发展到香港和内地网民的集体骂战之后，骂累了总要歇一歇，事件已经发展到了高潮阶段，势必会回落，相信过不了太久，这件事就会淡出新奇迭出的互联网，然而，作为新媒体事件，其发展的确是让人难以预料，一个高潮过去，下一个高潮又到来了。把此次事件推向另一个高潮，并成功吸引大众眼球的是北大教授孔庆东。

孔庆东自称是孔子后裔，其言论大胆，思想独特，早已是一个标新立异的文化名人。在某媒体针对内地女孩港铁进食对孔庆东进行采访的视频中，孔庆东语出惊人，"香港人都是狗"。一语既出，天下皆惊。对于骂累了打算偃旗息鼓的两地网民来说，孔庆东的话好像一句强心针，再次催发了他们论战

---

[1] 邱林川、陈韬文：《新媒体事件研究》，中国人民大学出版社，2011。

的热情。对于一部分内地网民来说，孔庆东的惊人话语，让他们既新奇又解气，于是他们就把孔庆东奉为意见领袖，加以追随。对于香港网民来说，他们长期以来承受的压力，和对内地人压在心底的鄙视和愤怒，终于找到了一个出口，孔庆东成了他们火药集中的方向。对于媒体来说，正式进入一场狂欢。首先，从新闻传播角度来说，孔庆东作为名人，他所说的话本来就有新闻效应，而这个不平凡的人这次说的又是不平凡的话，更加强了此新闻的价值，所以各媒体开始疯狂跟进此新闻。例如新浪网站，更是出专版详细报道孔庆东骂港人是狗事件，从消息，到新闻评论，到网友热议，各个体裁应有尽有，并穿插图片和视频，内容丰富，花样繁多。总之，各媒体都在孔庆东身上做文章。

孔庆东一语既出，如水泼地，难以收回。而这句话引发的港人愤怒，却也如火燎原，港人不仅在网络上表达情绪，更是走入现实，进行游行，事件的严重程度进一步升级。

在内地，网民也分成了两部分：一部分是把孔庆东当作意见领袖；另一部分是以比较理性的态度对孔庆东提出批评，认为不应该以粗口谩骂的方式来处理矛盾，更何况孔庆东是中国第一学府北京大学的教授。

孔庆东标新立异已成习惯，以前也发表过比较激烈的言论，但从未像这次引起如此的轩然大波，最重要的是关系到了香港特别行政区的民心稳定，甚至更深一层说，有可能因为他点燃的火药桶,影响香港和内地的关系。无论是香港还是内地,对孔庆东否定的声浪越来越高,孔庆东在接受采访的时候开始辩解,称媒体为了吸引眼球,断章取义,误解了他的意思。孔庆东想撇清自己,但是事情的发展他已经难以控制。

四 主流媒体的舆论引导

这时候,主流媒体的介入,把内地女孩港铁进食事件引发的两地冲突,引向了另外一个方向,那就是对孔庆东的个人素质批判。中联办在媒体的发言可以作为代表。据中新网消息,《中联办回应孔庆东骂港人是狗:对言论深表遗憾》:香港1月31日电,中央人民政府驻香港联络办公室主任彭清华31日对个别内地学者不当言论表示遗憾,并指出香港同胞与内地同胞拥有血浓于水的深厚感情……"最近,个别内地学者发表了一些不当言论,我们对此深表遗憾。这些言论不仅引起了一些香港市民的不满,也受到了许多内地民众的批评。"彭清华说,我们充分肯定香港同胞对国家现代化建设和改革开放做出的不可替代的重要贡献,充分信赖香港同胞与内地同胞血浓于水的深厚感情。[①] 政府通过主流媒体表态表明,此事件是一个个人素质事件。许多香港市民怒斥孔庆东,

---

① 《中联办回应孔庆东骂港人是狗:对言论深表遗憾》,2012年2月1日。

要求北大撤销他的教授职务，香港的精英阶层，如大学教授也发表言论，称孔庆东的表现有辱教授身份，斯文丧尽。痛批孔庆东，让内地女孩香港地铁进食引发的两地矛盾转为个人素质批判。主流媒体的介入功不可没。从内地和香港的矛盾转移到个人素质批判，弱化了尖锐的两地矛盾，维持了暂时的稳定。由此可见主流媒体对新闻传播的影响力还是非常之大。

由此就有一个问题需要思考，那就是在新媒体新闻传播中，为什么主流媒体还具有这么大的影响力。2007年卡茨和里布斯指出，媒体事件的三大类型是挑战、征服和加冕，在2008年，戴扬对此进行了修正，指出今天的媒体事件已经和以前的媒体事件有很大的不同，今天的媒体事件除了卡茨提出的冲突类型外，戴扬又补充了幻想破灭和脱轨两种类型。邱林川认为，"冲突、幻想破灭和脱轨，放到华人社会语境中，其实就是对底层民众的传播赋权。"[1]的确如此，网民们在新媒体事件中，在新媒体新闻传播中的力量之大是不容小觑的，但是在内地女孩港铁进食事件的发展过程中，网民们的力量，这种底层的传播并没有起到决定事件发展方向的作用，而主流媒体却能抓住时机，轻而易举地扭转事件发展的方向，弱化和转移了矛盾，一锤定音，结束论战，控制了事件的发展。

由此看出，网民参与新媒体事件的传播，更多自发性、情

---

[1] 邱林川、陈韬文：《新媒体事件研究》，中国人民大学出版社，2011。

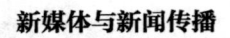

绪性，但是缺乏理性和控制力。作为网民活动空间的新媒体，其在公共领域的作用：长于促进参与和辩论，弱于引导，很容易丧失对传播方向和内容的控制力，且商业利益至上，以吸引眼球为目的，从这一点来说，网民在新媒体空间策划时日持久的集体行为是较难实现的。这给主流媒体留下了施展传播策略的空间。主流媒体能更专业更理性地实践传播理论，如议程设置理论，从而引导舆论，控制媒体事件的发展。

第十章　个案研究

媒体传播中的标签式传播

标签式传播在现今的媒体传播中是一个比较值得注意的传播方式。所谓标签式传播，是指传播内容被定质定量，像被贴上标签一样，以一种固定刻板的模式化印象进入传播过程。这样的传播方式容易让受众形成先入为主的认知框架，以思维定式统摄接受过程，从而忽视了传播内容在群体中的个体差异，妨碍受众对传播内容的客观认知。本文将从以下几个方面来探讨标签式传播的形成原因。

一　新闻标题中的关键词

新闻门户网站的网络新闻中，标题起着至关重要的作用。由于网络新闻采用超链接的阅读方式，所以，标题成为判断新闻是否吸引眼球的唯一标准。由于人们阅读的便利需求，新闻标题的设计，要求简练，突出事实，攫取新闻精华，所以人们在阅读网络新闻的标题时，标题中的关键词会成为人们头脑中对此新闻印象最深刻的部分。例如 2014 年 1 月 10 日新浪新闻的部分标题：卫计委回应张艺谋超生被罚：请更多关注他的创作。从这个新闻标题来看，其中的关键词是卫计委、张艺谋、超生、创作，那么在这几个关键词当中，最受人关注的是哪些呢？相比之下，张艺谋、超生这两个词应该更容易吸引眼球。再比如：陕西民工在山东讨薪被拘留。在这个标题里，民工、讨薪、被拘留应该是关键词中最吸引眼球的。如果这些关键词时常在新闻标题当中出现，会不知不觉地强化人们头脑中的印象，形成标签。而由于这些标签很容易引起人们的关注，所以在制作新闻标题时，网络新闻编辑也会不自觉地使用这些已经被标签化的关键词，例如医患关系、老人摔倒等。在新闻标题的这些关键词中，这些标签化的关键词是非常敏感的，但是由于新闻标题的简短，又是很容易脱离具体语境的。也就是说，网络新闻中的标题在概括新闻事实时，容易流于标签化和简单化。某个新闻事实的发生，往往有很复杂的动因。如果仅仅是用惯用的标签来进行归类，就会让新闻关键词脱离复杂语境而变成简单的标签，这虽然便于吸引眼球，便于读者对内容的理解和归类，但是却容易把复杂的新闻事实简单化，把具体的新闻事实类型化，把个别的新闻事实一般化，把日常的现实生活妖魔化。

  例如有关医患关系的报道。近年来，有关医患关系的报道可谓是层出不穷，而媒体对医患关系的报道，并没有缓解医患关系，反而对医患关系的紧张起了推波助澜的作用。之所以会形成这种状况，在于媒体把具体的新闻事实简单化，个别的事实一般化。媒体往往把医生和患者的矛盾简单地贴上医患关系的标签，在新闻的传播中，人们对医患关系这个关键词日益敏感，从而更加警惕，在潜意识里加剧了对医患双方界限的认识。以下这些报道医患纠纷的新闻标题就说明了这一点。2004年2月11日，新华网发了一则消息，标题为：四川大学华西医院一医生被患者家属砍成重伤。后来的有关医患的各类负面新闻层出不穷。2012年3月26日，搜狐新闻中一条消息的标题是：哈医大医院杀医血案，未成年患者砍死实习医生。《医药经济报》的一则新闻称：血色医患层出不穷，医路何去何从。在这篇新闻中，介绍了一系列杀医的恶性事件。"2012年3月23日下午，哈医大一院实习医生遇刺身亡，另有三名医生受伤。当日16时30分左右，一名男子突然闯入风湿免疫科医生办公室，抢起手中的刀，疯狂砍向正在埋头工作的医务人员和实习学生，大家躲避不及，实习医生王浩颈部鲜血喷涌，最终不治。""2012年2月14日，河北柏乡县人民医院耳鼻喉主任常孟枝被砍身亡，另有两名医生和一位患者受伤。当日10点多，一名男子持刀进入河北柏乡县人民医院内，连续砍伤四名医护人员，多名医院看病的患者也被砍倒，其中61岁的县医院耳鼻喉科主任常孟枝手臂被砍断，头颈部多处被砍中，最终受伤严重死亡。"

从这些新闻标题中，我们都可以看到熟悉的两个字眼儿：医生、患者。发生在医院的暴力犯罪，由于犯罪嫌疑人和被伤害者的身份，被简单地标签为医患冲突，那么在相关的报道越来越多的情况下，人们对这个标签的印象越来越深刻，一看到医院发生的暴力犯罪，潜意识里就会反映出医生和患者关系紧张，这对于医患矛盾的解决并无助益。这种简单的标签化表述，虽然能吸引眼球，加深人们的印象，却很容易误导人们——不去对新闻事实做理性的判断和思考，而只是停留在潜意识里的定势反应（条件反射）中。"刻板印象容易使个人在对有限素材梳理基础上作出带有普遍性的结论，忽视个体存在差异，导致认知上的偏差。"① 但是抛开新闻标题，仔细分析这些杀医案件的事实却会发现，患者在去医院砍杀医生的时候，并不都是针对具体的仇恨对象。例如哈医大杀医案，被砍杀的医生和患者并没有直接的救治关系。河北柏乡杀医案中，被砍杀的医生护士中也并不都和患者有直接的救治关系，并且还有患者被砍倒。由此可见，医院发生的暴力犯罪不能简单地定性为医患关系。如果新闻报道中简单地把医生和患者作为标签来报道医院中的暴力犯罪，显然对现实中的医患关系不仅没有好处，反而有加剧其紧张的危险。2013年10月30日人民网一则新闻标题为：温岭杀医事件，别让极端人格扭曲医患关系。在这则新闻中，有这样一段阐述："以暴力手段杀人犯罪了，就请首先在法律领域来议论，别把它放在一般的社会领域，别把它界定为普通的医患关

---

① 梁立超：《网络热点事件中"新闻标签"现象研究》，河北大学，2011。

系，也请别引入诸多的个体感受、个体经历。因为在相当意义上讲，这种暴力杀人，与我们很多人所经历、感受的那种医患矛盾有本质的不同。对于普通人来说，经受了让人心烦的医患矛盾，也决计不会走到如此暴力的地步。……在这个意义上讲，温岭杀医事件，成为一个典型案例，它让世人看清了一般医患纠纷与杀医暴力犯罪的本质不同。这一犯罪事件，遵循的是其犯罪的应有特征，用普通的化解医患关系的办法，根治不了这种犯罪的病因。解决医患关系的方法，对付不了这种极端人格所导致的暴力事件。在这一事件中，行杀者连某某恰恰具有极端人格。因而，我们所要探讨的恰恰是由极端人格导致的犯罪事件，与一般医患关系有什么本质不同？如何才能不让这种个别的极端人格事件影响到整体的医患关系？"这是一段理性而且明智的阐述。诸多发生在医院的暴力犯罪仅仅用医患关系、医患矛盾去标签和概括是根本难以解释而且也难以解决的。所以在新闻报道中，在新闻标题里，总是用医生和患者来标签发生的新闻事实，反而会使得医患关系更加紧张。

二 媒体选择新闻的价值标准

西方新闻学理论中有这样一个新闻价值标准公式，平常人加不平常事等于新闻。还有一句名言：狗咬人不是新闻，人咬狗才是新闻。由此可以看出，媒体在选择新闻时，反常事件会成为媒体选择的重点，因为反常才能引起关注，才有传播效率。但是如果媒体报道同类反常事件三次以上,所谓的反常事件在受众的印象中就会变成一个正常的现象,从而形成人们易于接受的标签。《浅析新闻传播中标签式舆论的刻板印象》一文这样说道:"标签式舆论中多数群体都有属于自己的刻板印象,且刻板印象更多的是起消极作用,这种消极作用在标签式舆论的发展进程中会以明显而快速的方式愈演愈烈。"①

比如老人摔倒的相关新闻报道。自从南京彭宇案经媒体大肆报道和渲染之后,类似的反常新闻常见诸报端。基本上凡是有老人摔倒的新闻线索,记者和编辑都不会放过。比如2013年4月26日新闻:六旬老太扶摔倒老人反被讹,真相大白对方拒道歉。2012年9月1日凤凰网新闻:郑州一女子扶摔倒老人疑被讹,伸手前路人吆喝不要碰。2013年12月13日达州新闻网新闻:达州老人摔倒事件水落石出,因涉嫌敲诈母子均被拘。类似的新闻比比皆是。老人摔倒本来是一个很平常的事,扶摔倒的老人起来也是传统美德,但是老人摔倒了,去扶他的人反而被讹诈,这是一个反常事件。反常事件是非常吸引眼球的,于是媒体频频曝光此类事件。但是当媒体在看似客观地报道这类事件时,却不自觉地为老人加上了标签,那就是老人是会摔倒的,摔倒了别人去扶是有风险的。于是在全国范围内引

---

① 吴柳林、王成飞:《浅析新闻传播中标签式舆论的刻板印象》,《编辑之友》2013年第11期。

发了大讨论，那就是，老人摔倒了该不该扶？进而网络上出现了这样的问句：是老人变坏了还是坏人变老了？在2013年12月6日《北京青年报》的《青评论周刊》中《坏人虽变老，老人会变好》一文中这样写道："三人行必有左中右，任何团体内部都有好有坏，老龄化带来了足够庞大的老年人口基数，也就给了足够几率让形形色色的'坏老人'出现。而以部分极端情形来论定整个老人群体，往小里说是一种刻板印象，往大里说，未尝不是一种年龄歧视。老人里的善良之辈有何辜，要一并承受讨伐？"① 这段话阐述了对坏老人这一标签的客观看法，那就是坏老人只是个例，由于人口基数大，出现几个这样的案例不足为奇，不能由个别推断一般，不能把坏老人的标签加在所有老人身上。

但是由于媒体选择新闻的价值标准之一是钟情于对反常事件的报道，以及对此类反常事件的反复报道，不知不觉地强化了人们头脑中的坏老人的标签意识，由此我们可以引用三人成虎的俗语，推导出媒体报道的一个公式，那就是报道反常事件三次以上，反常事件会变成人们头脑中的正常事件。于是老人摔倒有人扶反而从原来的正常事件变成了非正常事件，媒体又开始蜂拥报道这类反常事件。2014年1月11日新浪网新闻：

---

① 游时猷：《坏人虽变老，老人会变好》，《北京青年报·青评论周刊》2013年12月6日。

73岁老人郑州街头摔倒众人扶,网友盛赞郑州有爱。2013年12月还有一份洛阳老人写的不讹人家规被网络盛传,老人在家规里声明"不要追究撞到我的人,他们不是故意的""要感谢扶起我的人,包括撞到我的人,人家没肇事逃逸就是好人"。这份家规既是对无良老人的警醒,也是一种反击现实的无奈。但是当负能量已经大幅传播,而正能量的力量还不够强大的时候,坏老人的标签是很难撕下的。而在这个问题上,媒体的标签传播应当负有很大的责任。

媒体对反常事件的反复报道会强化人们的印象,从而使人们在心理上认可和接受这样的现实,并逐渐视之为正常现象。人们的心理暗示被媒体的标签式传播加强,从而形成社会舆论,影响人们的现实判断。"当分散的个别的议论引起人们普遍关注,经过传播而形成社会舆论时,便代表着众多人的看法和意志,对社会生活产生重要的影响。"[1]

三 媒体新闻选题的跟风与炒作

媒体的选题同质化问题比较突出。一个是现实中新闻虽多,但热点问题比较集中,媒体报道热点问题是凸显媒体现实贴近性的一个标准;另一个是由于媒体采编能力和技术能力都在提升,一家媒体独大,发布独家新闻的现象已经成为过去,

---

[1] 魏永征:《新闻传播法教程》,中国人民大学出版社,2006。

那么众多媒体同时追逐一个热点话题就成为常态；再一个是由于版面语言的设置要求，各家媒体都会把热点问题放在重要版面。例如报纸会把热点问题放在头版重要位置，而门户网站则会把热点新闻放在网页上端显眼位置。基本上所有的媒体都遵循这样的版面语言标准，所以，媒体所发布的新闻同质化比较严重。以 2014 年 1 月 11 日两个门户网站的新闻为例，图 1 是新浪新闻的要闻部分，位置在新闻版面的最上端。图 2 是搜狐新闻的要闻部分，位置也在新闻版面的最上端。我们看一下这两个新闻版面的同质情况。

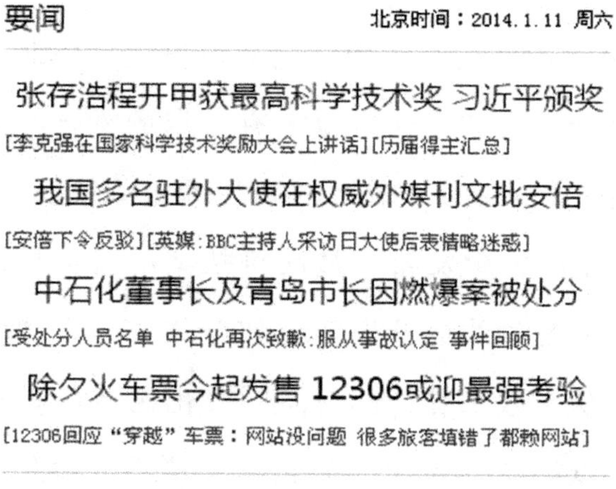

要闻　　　　　　　　　　　　北京时间：2014.1.11 周六

张存浩程开甲获最高科学技术奖　习近平颁奖
[李克强在国家科学技术奖励大会上讲话][历届得主汇总]

我国多名驻外大使在权威外媒刊文批安倍
[安倍下令反驳][英媒:BBC主持人采访日大使后表情略迷惑]

中石化董事长及青岛市长因燃爆案被处分
[受处分人员名单　中石化再次致歉：服从事故认定　事件回顾]

除夕火车票今起发售 12306 或迎最强考验
[12306回应"穿越"车票：网站没问题　很多旅客填错了都赖网站]

图 1　新浪新闻要闻截图

我们可以看到，两个新闻网站的新闻要闻部分共四条新闻，其中选题雷同的有三条。两个网站都同时关注了最高科技奖、青岛爆燃事故和 12306 的售票情况，而且版面位置基本相同。报纸也一样，例如 2014 年 1 月 11 日的《北京青年

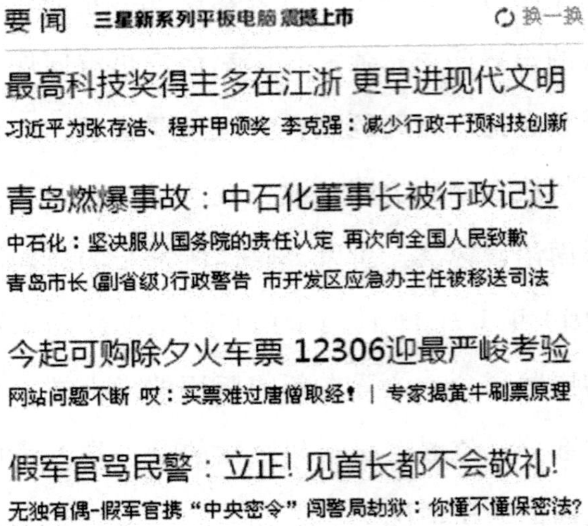

新媒体与新闻传播

要闻　三星新系列平板电脑 震撼上市　　　○换一换

最高科技奖得主多在江浙 更早进现代文明
习近平为张存浩、程开甲颁奖 李克强：减少行政干预科技创新

青岛燃爆事故：中石化董事长被行政记过
中石化：坚决服从国务院的责任认定 再次向全国人民致歉
青岛市长（副省级）行政警告 市开发区应急办主任被移送司法

今起可购除夕火车票 12306迎最严峻考验
网站问题不断 哎：买票难过唐僧取经！| 专家揭黄牛刷票原理

假军官骂民警：立正！见首长都不会敬礼！
无独有偶-假军官携"中央密令"闯警局劫狱：你懂不懂保密法？

图 2　搜狐新闻要闻截图

报》头版和《新京报》头版。这两份报纸作为北京地区的都市报，在报纸风格和受众定位上有一定的重合，选题也有很大程度的重复。从图 3 和图 4 中可以看出，《北京青年报》和《新京报》都在头版发布了最高科技奖的获奖情况，青岛爆燃事故，地铁三号线的开通情况和严禁城里人到农村买地建房的新闻，从头版来看，其新闻同质化比高达 80%。不仅网络媒体，报纸媒体的新闻同质化也很严重，而且广播电视也有同样的问题。试想，受众在浏览报纸、网站，看电视，听广播的时候，被类似的信息重复轰炸，就会产生比较深刻的印象。这也可以说是媒体集合传播形成的强势传播效果。而这样的同质化传播很容易使重叠的信息在受众的头脑中形成标签，强化印象。

图3 《北京青年报》2014年1月11日头版

四 媒体对类型化题材的倾向

类型化的题材在新闻传播中有明显的优势。一是其特征鲜明，容易被识别和记忆，能够极快地吸引关注且使人印象深刻。比如官二代、富二代、农二代、凤凰男、蚁族等，特点都很明晰，易于被识别。同时其特点又很特别，有别于社会中的

新媒体与新闻传播

图4 《新京报》2014年1月11日头版

一般状态。因此这样的类型化题材会很快地被关注和记忆。

二是类型化的题材契合社会的情感结构。一提起官二代，人们就会认为此人家里有权有势，可以在社会上为所欲为，横行霸道。一提起富二代，人们就会认为此人家里有钱，也照样可以为所欲为，横行霸道，甚至为富不仁。而农二代呢，贫穷、地位低下、前途堪忧、个人奋斗都蕴含在这个类型的名词之中了。凤凰男呢，指从农村跃龙门来到城市，通过个人打拼取得了一定的社会地位和收入。蚁族是指在城市当中的群居者，他们占据特别小的个人空间，就像蚂蚁一样群居在一个单元里。这样的类型化题材，已经在社会的情感结构中有一个固定的层次，所以，人们在看到此种类型的新闻时，可以在情感逻辑上迅速地定位，表达情感诉求，例如对有钱人的嘲讽，对权势阶层的不满，对贪官污吏的痛恨，对社会底层人群的同情。

因此，媒体也会适应读者的需求，对类型化的题材有所倾斜。很多新闻稿件中，直接给主角冠以官二代、富二代的头衔，通过归类来吸引眼球。但是这样类型化的题材，等于是给新闻主角贴上标签。有了这个标签，就好像一个鲜明的招牌，其中蕴含的意义不言自明。只要他是官二代，就一定是依仗家里的权势横行霸道的。比如说"我爸是李刚"的驾车肇事者，比如涉嫌轮奸案的李天一。只要他是富二代，那一定是家里的钱多得没处花，所以会有千奇百怪地炫富方式。这样的标签式传播，使人们头脑中对标签的印象已经趋于固化，并且在情感结构上会逐渐放大其情感诉求。例如2010年6月15日南方新闻网的一则新闻——中国二代：富二代穷二代官二代，其中有这样一段话："在二代标签的背后，是这个社会早已弥漫的仇富、仇官心理的进一步放大。这种放大已经发生质的变化：人们日益担心，社会的优质资源将日益被少数人垄断，大部分人会失去改变自身命运的机会。而这正是任何一种极端思潮诞生的社会土壤：以极端的方式重新洗牌。"

贴标签式的类型化新闻传播，容易陷入两个误区。一是特点鲜明但没有变化。官二代富二代的标签一贴上，基本全部定型。但是所有的官二代都仗势欺人吗？所有的富二代都挥金如土吗？二是把新闻事件的成因简单化。官二代肇事了，就因为他是官二代，所以他敢肇事，而且肇事了还不想承担责任。富二代当官了，就一定是权钱交易，没有个人奋斗。比如2012年2月24日的腾讯今日话题中的一篇文章《毁容事件的发生与"官二代"身份或许关系不大》中称："平心而论，未成年人性格扭曲与否与'官二代'身份并无直接联系，而是与其受到的教育息息相关——包括社会教育、学校教育以及家庭教育。……品行不佳、娇生惯养，这与'官二代'也并没有必然联系。从统计的角度看，平民子弟不见得比官家子弟更为品行端正，'官二代'也不见得比普通独生子女更为娇生惯养。也没有证据显示，恋爱中采取极端行为的'官二代'比例特别高。"该文的重点在于指出，新闻事件的发生，如果仅仅归因于肇事者的"官二代"身份是不够的，其中还有教育等方面的因素。但是一提起"官二代"就会出现民意汹涌的局面，也不是没有理由。社会上的官民差别如此之大，媒体报道中标签后的"官二代"形象已经固化，让民众的情感诉求不断放大，也很难再去理性地思考新闻事件的复杂成因。再比如，媒体在报道新闻事件的当事人时，有时会很轻易地加上新闻当事人的籍贯。例如搜狐新闻 2007 年 3 月 9 日稿：河南籍人贩子津门落网。2013 年 11 月 27 日海都网新闻：一河南籍男子打死超市营业员。这样的新闻事件的发生，当主角被冠上河南籍的籍贯时，就好像给他加上了一个标签，那就是他是河南人。但是主角个人的行为和他是河南人有多大的关系，并没有一个客观的判定。但是这个标签却让整个河南人的形象受到影响。2005 年 3 月 31 日《大河报》新闻中一则消息称：深圳打击犯罪强调河南籍在河南引起很大震动。文中写道："据《南方都市报》报道，连日来，在龙岗街道办事处辖区的怡丰路黄龙塘市场附近的大街上，挂着警方'坚决打击河南籍敲诈勒索团伙'和'凡举报河南籍团伙敲诈勒索犯罪、破获案件的，奖励 500 元'的大横幅。两条幅落款均为'龙新派出所宣'的字样。此举引起了社会上的一些争议，深圳当地的一些市民也认为，警方打击犯罪分子有明显地域歧视。"社会上动辄冠以籍贯，贴上标签的做法都引起如此大的波动，媒体动辄就加上籍贯和标签的做法也更是需要反思的。

以上几个方面是对标签式传播的形成因素及影响的分析。综上所述，媒体传播中的标签式传播能够契合媒体迅速传播的需求，但是对于媒体自身来说，不利于客观真实地报道社会现实；对于受众来说，能够简化认知过程，契合其情感结构，但是妨碍受众对新闻传播内容的客观认知。

参考文献

图书文献：

李良荣：《新闻学概论》，复旦大学出版社，2013。

刘建明：《新闻学概论》，中国传媒大学出版社，2007。

匡文波：《新媒体概论》，中国人民大学出版社，2012。

邱林川、陈韬文：《新媒体事件研究》，中国人民大学出版社，2011。

申金霞：《自媒体时代的公民新闻》，中国广播电视出版社，2013。

彭兰：《网络传播案例教程》，中国人民大学出版社，2010。

尼尔·波兹曼：《娱乐至死》，广西师范大学出版社，2009。

胡泳：《众声喧哗》，广西师范大学出版社，2008。

马为公：《新媒体传播》，中国传媒大学出版社，2011。

参考文献

王宏：《数字技术与新媒体传播》，中国传媒大学出版社，2010。

陈默：《媒介文化：互动传播新环境》，北京师范大学出版社，2010。

何威：《网众传播》，清华大学出版社，2011。

克劳斯·布鲁恩：《媒介融合：网络传播、大众传播和人际传播的三重维度》，复旦大学出版社，2012。

凯文·威廉姆斯：《英国大众传播史》，上海人民出版社，2008。

刘海龙：《大众传播理论：范式与流派》，中国人民大学出版社，2008。

弗兰克·施尔玛赫：《网络至死》，龙门书局，2011。

陈力丹：《解析中国新闻传播学2012》，人民日报出版社，2012。

彭兰：《网络传播概论》，中国人民大学出版社，2012。

彭兰：《中国互联网新闻传播结构、功能、效果研究》，高等教育出版社，2011。

侯岩：《网络传播心理新论》，河南人民出版社，2012。

闵大洪：《数字传媒概要》，复旦大学出版社，2003。

张国良：《新闻媒介与社会》，上海人民出版社，2001。

郑兴东：《受众心理与传媒引导》，新华出版社，1999。

田智辉：《新媒体传播》，中国传媒大学出版社，2008。

匡文波：《新媒体舆论——模型、实证、热点及展望》，中国人民大学出版社，2014。

林之达：《传播心理学新探》，北京大学出版社，2004。

邵培仁：《大众传媒通论》，浙江大学出版社，2005。

丹尼斯·麦奎尔：《受众分析》，中国人民大学出版社，2006。

陈绚：《数字化时代的新闻理论与实践》，新华出版社，2002。

官承波：《新媒体概论》，中国广播电视出版社，2009。

匡文波：《手机媒体概论》，中国人民大学出版社，2012。

陈力丹：《新闻理论十讲》，复旦大学出版社，2012。

魏永征：《新闻传播法教程》，中国人民大学出版社，2006。

期刊文献：

李希光：《关于新闻的定义和新闻写作》，《新闻与写作》2012年第3期。

陈力丹：《新闻理论研究的回顾与展望》，《国际新闻界》2004年第3期。

谭天：《新媒体语境下的"新闻"界定》，《新闻界》2012年第12期。

童兵：《新媒体传播对传统新闻学的挑战》，《新闻界》2012年第10期。

刘丹凌：《新媒体语境下新闻专业主义的解构与重构》，《中州学刊》2012年第1期。

林溪声：《新闻传播伦理在困境中寻求突围》，《新闻界》2011年第9期。

盛芳：《新媒体语境中新闻失实与媒体文化的变异》，《编辑学刊》2012年第3期。

张少元：《论新媒体对当前舆论监督格局的影响与变革》，《新闻知识》2010年第11期。

吴廷俊：《新媒体时代中国舆论监督的新议题：网络揭黑》，《现代传播》2011年第1期。

吴晓明：《网络"公民"新闻的社会舆情解读》，《河北学刊》2011年第3期。

张光辉：《新传播环境下主流媒体掌握舆论监督主导权的意义和路径》，《中国记者》2010年第11期。

朱顺慈：《YouTube与集体行为：网络视频"巴士阿叔"个案研究》，邱林川、陈韬文主编《新媒体事件研究》，中国人民大学出版社，2011。

叶虎：《巴赫金狂欢理论视域下的网络传播》，《理论建设》2006年第5期。

杨国斌：《悲情与戏谑》，邱林川、陈韬文主编《新媒体事件研究》，中国人民大学出版社，2011。

雷启立：《新媒体的传播偏向与大众文化》，《传播前沿》

2009年第6期。

吴晓明:《网络"公民"新闻的社会舆情解读》,《河北学刊》2011年第3期。

梁立超:《网络热点事件中"新闻标签"现象研究》,河北大学,2011。

吴柳林、王成飞:《浅析新闻传播中标签式舆论的刻板印象》,编辑之友,2013,第11页。

图书在版编目(CIP)数据

新媒体与新闻传播 / 杨艳琪著 . —北京：社会科学文献出版社，2015.9（2018.8 重印）
ISBN 978-7-5097-7474-8

Ⅰ.①新… Ⅱ.①杨… Ⅲ.①传播媒介 - 新闻学 - 传播学 - 研究 Ⅳ.①G210

中国版本图书馆 CIP 数据核字（2015）第 153362 号

新媒体与新闻传播

著　　者 / 杨艳琪

出 版 人 / 谢寿光
项目统筹 / 刘　娟　祝得彬
责任编辑 / 刘　娟

出　　版 / 社会科学文献出版社·当代世界出版分社（010）59367004
　　　　　　地址：北京市北三环中路甲 29 号院华龙大厦　邮编：100029
　　　　　　网址：www.ssap.com.cn
发　　行 / 市场营销中心（010）59367081　59367018
印　　装 / 北京虎彩文化传播有限公司

规　　格 / 开本：787mm × 1092mm　1/16
　　　　　　印　张：12　字　数：117 千字
版　　次 / 2015 年 9 月第 1 版　2018 年 8 月第 2 次印刷
书　　号 / ISBN 978-7-5097-7474-8
定　　价 / 49.00 元

本书如有印装质量问题，请与读者服务中心（010-59367028）联系

版权所有 翻印必究